唐宋时期麦类作物研究

黄艳——著

河北大学出版社
·保定·

出 版 人：刘相美
责任编辑：翟永兴
装帧设计：赵　谦
责任校对：耿兆飞
责任印制：常　凯

图书在版编目（CIP）数据

唐宋时期麦类作物研究 / 黄艳著．-- 保定 ：
河北大学出版社，2024.8．-- ISBN 978-7-5666-2460-4
Ⅰ．F326.11
中国国家版本馆 CIP 数据核字第 20247HA529 号

出版发行：河北大学出版社
地址：河北省保定市七一东路2666号　邮编：071000
电话：0312-5073003　0312-5073029
网址：www.hbdxcbs.com
邮箱：hbdxcbs818@163.com
印　　刷：涿州市般润文化传播有限公司
幅面尺寸：170 mm × 240 mm
字　　数：120千字
印　　张：9.25
版　　次：2024年8月第1版
印　　次：2024年8月第1次印刷
书　　号：ISBN 978-7-5666-2460-4
定　　价：36.00 元

如发现印装质量问题，影响阅读，请与本社联系。
电话：0312-5073023

目　　录

绪　　论

一、研究目的

一食二衣，粮食是人类生存的基础，没有粮食就没有生命，一切将无从谈起。粮食对于国家、社会和个人都有重要意义。从管子言“仓廪实则知礼节，衣食足则知荣辱”①，到近代孙中山先生不断强调的“民以食为天”②，再到毛泽东同志的“手中有粮，心中不慌”③，再到习近平同志提出“中国人的饭碗任何时候都要牢牢端在自己手中”④。可见粮食的重要性。麦类作物是当今世界重要的粮食品类，而中国是世界麦作的主产区之一。麦作在几千年前就已经传入我国，作为外来品种，其经历了一个长时间的本土化历程。越冬的生长习性使其具备了其他农业作物所没有的优势，冬天是传统中国青黄不接之时，也是灾荒最容易暴发的时节，麦作在此时正好可以起到接续救荒的作用，麦作对国家和人们生活都产生了深远影响。

中国历史在唐宋时期发生重大变革，对于这一变革的讨论实际上有

---

① 黎翔凤：《管子校注》卷一《国颂》，梁运华整理，中华书局，2004，第 2 页。

② 孙中山：《孙中山全集》卷一《上李鸿章书》，中华书局，1981，第 17 页。

③ 毛泽东：《手里有粮》，张仲举：《毛泽东诗词全集译注》，陕西人民出版社，1999，第 15 页。

④ 习近平：《习近平著作选读》（第一卷），人民出版社，2023，第 201 页。

两个线索，“一是从南宋以来迄20世纪中国本土学者对唐宋之际或唐宋之间社会变动的认识；一是20世纪初叶日本学者内藤湖南先生提出宋代是中国近世的开始而后演化成为‘唐宋变革论’。这两条线索在20世纪国内唐宋史研究领域基本是泾渭分明，只是进入20世纪后‘唐宋变革论’才与唐宋变动或变化相混淆，两条线索才绾结在一起，出现泛化的倾向”①。可见，中外学者不约而同地注意到了唐宋时期我国社会发生的显著变化，经过多年耕耘，学术成果斐然。

农业经济的变化是唐宋变革研究的重要课题，唐宋时期仍然是自然经济占主体的社会，那么农业经济究竟发生了怎样的变化呢？学界的关注点往往集中于生产力和生产关系的变化研究，而从一种农作物的角度出发来进行研究则可以起到以小窥大的效果，加深我们对这一时期农业经济的认识，从而更加深刻地了解唐宋时期的变革。

二、研究现状

（一）关于麦作种植问题的研究

韩茂莉认为麦作在南宋时期得到广泛推广，其探讨了以冬小麦为核心的两年三熟的种植制度，并总结出了黄河流域植麦区形成的原因，梳理了小麦向南方扩展的过程。② 稻麦复种制是学界关注的热点，李伯重认为长江流域在唐代就已经出现稻麦复种制。③ 郭文韬阐释了稻麦复种

---

① 李华瑞：《“唐宋变革”论的由来与发展》，天津古籍出版社，2012，第1页。

② 韩茂莉：《论宋代小麦种植范围在江南地区的扩展》，《自然科学史研究》1992年第4期，第353—357页。韩茂莉：《宋代农业地理》，山西古籍出版社，1993，第189—249页。韩茂莉：《中国农业历史地理》，北京大学出版社，2012，第315—408页。

③ 李伯重：《我国稻麦复种制产生于唐代长江流域考》，《农业考古》1982年第2期，第65—72页。

制的发展历程。① 王曾瑜阐释了宋代的稻麦复种制。② 李根蟠指出唐宋时期长江流域的稻麦复种已经较为成熟。③ 程民生认为南宋两浙的小麦种植在质量和效益上不理想，粟更是在江浙、福建的推广受阻，所以南方的粮食种类单一。④ 曾雄生认为麦作在南宋时期并不普及。⑤ 李文涛认为南宋时期江南麦作并不普遍，在城市周边地区存在，而广大的农村地区并不存在。⑥ 包伟民用陆游的诗篇展示了南宋浙东山阴、会稽地区的乡村社会，认为麦作已经成为当地人们生活中的重要主食。⑦ 黄嘉福用制图的方式呈现了江南地区的稻麦共存的农业景观。⑧ 学界对这一时期麦作在南方得到进一步扩展的观点已经达成共识，但是对于麦作在南方的推广程度还存在争议。

（二）关于麦作食用方式的研究

曾雄生认为小麦的食用方法经历了由粒食向面食的转变，不仅改善了小麦的食用质量，更是小麦推广普及的重要条件。⑨ 王仁湘分析了小

---

① 郭文韬：《中国复种制的历史发展》，《世界农业》1986 年第 3 期，第 39—42 页。

② 王曾瑜：《宋代的复种制》，《涓埃编》，河北大学出版社，2008，第 42—51 页。

③ 李根蟠：《中国古代耕作制度的若干问题》，《古今农业》1989 年第 1 期，第 1—7 页。李根蟠：《长江下游稻麦复种制的形成与发展——以唐宋时代为中心的讨论》，《历史研究》2002 年第 5 期，第 3—28 页。李根蟠：《再论宋代南方稻麦复种制的形成与发展——兼与曾雄生先生商榷》，《历史研究》2006 年第 2 期，第 79—101 页。

④ 程民生：《宋代粮食生产的地域差异》，《历史研究》1991 年第 2 期，第 120—131 页。

⑤ 曾雄生：《析宋代“稻麦二熟”说》，《历史研究》2005 年第 1 期，第 86—106 页。

⑥ 李文涛：《制度抑或现象：南宋时期的稻麦复种制——兼与李根蟠先生商榷》，《南都学坛》2008 年第 3 期，第 21—26 页。李文涛：《宋代江南麦作几个问题的探讨》，《历史教学》2010 年第 10 期，第 18—23 页。

⑦ 包伟民：《陆游的乡村社会》，社会科学文献出版社，2020。包伟民：《陆游的“乡村世界”》，《武汉大学学报（哲学社会科学版）》2020 年第 1 期，第 46—64 页。

⑧ 黄嘉福：《南宋时期“稻麦共存”农业景观及其影响》，《中国历史地理论丛》2022 年第 1 期，第 155—158 页。

⑨ 曾雄生：《论小麦在古代中国之扩张》，《中国饮食文化》（台湾）2005 年第 1 期，第 99—133 页。

麦的加工和食用方式，指出小麦形成自身特色的饼食传统，而发酵技术的出现更促进了小麦的推广。① 惠萌探讨了我国的面食之路，包括各种面食的制作与文化交流。②

（三）关于麦作地位上升问题的研究

陈冬生认为隋唐以后粟、麦并称的形式开始出现，麦与粟居于同等重要的地位。③ 靳桂云指出早期人类社会的巨大变革与农业特别是小麦种植有某种关联。④ 曾雄生认为经过汉代的大力推广，小麦在粮食供应中的地位得以提高，并成为重要的战备物资。⑤ 黎虎认为汉唐时期确立了以粟、麦、稻等粮食为主食，尤其是到了唐代，传统主粮结构发生了历史性变化，稻米取代粟的首席地位，麦类已上升至与粟同等重要的位置。⑥ 李文涛、杨廷俊指出中唐以后中国北方农业种植结构发生了一个显著的变化，即冬小麦在北方普遍种植，并成为国家税收的重要农作物之一。在唐代后期，小麦已经取得与粟同等重要的地位。⑦ 包艳杰、李群阐释了在水利、农具、生产技术等各项条件逐渐成熟的基础上，唐末宋初小麦在淮北平原上得到大面积推广。⑧

---

① 王仁湘：《由汉式饼食技术传统的建立看小麦的传播》，宁夏文物考古研究所：《丝绸之路上的考古、宗教与历史》，文物出版社，2011，第 137—145 页。

② 惠萌：《面食之路——中原和西域地区的面食文化交流》，博士学位论文，陕西师范大学中国西部边疆研究院，2020，第 10 页。

③ 陈冬生：《试述古代山东麦作生产的发展》，《古今农业》1993 年第 1 期，第 23—29 页。

④ 靳桂云：《中国早期小麦的考古发现与研究》，《农业考古》2007 年第 4 期，第 11—20 页。

⑤ 曾雄生：《从麦饭到馒头——小麦在中国》，《生命世界》2007 年第 9 期，第 8—13 页。

⑥ 黎虎：《略论中国古代饮食文化研究》，《扬州大学烹饪学报》2008 年第 3 期，第 1—8 页。

⑦ 李文涛、杨延俊：《北朝冬小麦播种研究》，《安徽农业科学》2009 年第 30 期，第 15 031—15 032 页。

⑧ 包艳杰、李群：《唐宋时期华北冬小麦主粮地位的确立》，《中国农史》2015 年第 1 期，第 49—58 页。

（四）关于南宋麦作推广动因的研究

南宋时期，麦作在江南获得了长足发展，在一些地方出现了稻麦复种，这是不争的事实。那么为什么在这一时期出现这一现象呢？学界对此已有研究，李文涛对前人论述进行了总结，指出韩茂莉、李根蟠、吴慧、曾雄生、张学锋等诸位先生都有论述，综合分析，可归纳为三点：一是北方人南迁，对麦类的需求扩大，刺激了江南麦作的发展；二是政府的提倡和优惠政策；三是种麦能获得经济利益上的好处。其并不赞同已有观点，认为是军事上的需求，朝廷需要用麦作喂养战马，强迫百姓种麦，才推动了麦作的发展。① 学界从政治、经济、军事等角度对麦作在南方的推广进行了探讨。

（五）关于麦作租税问题的研究

南宋时期麦作在长江以南地区得到广泛推广，而免“麦租”一度被认为是麦作得以广泛推广的重要原因，例如韩茂莉、曾雄生、李根蟠等先生均持此种见解。② 对此，方健在《南宋农业史》中提出了相当有建设性的意见，对南宋“种麦不输租课”这一说法提出了质疑。③ 由河北大学宋史研究中心组织，漆侠先生主编的《辽宋西夏金通史·社会经济卷》在列举了南宋不收麦租的史料后认为，“上述不收麦租的记录大体限于南宋的东半部，而四川的情况不明”，并认为“即使就东半部而言，也

---

① 李文涛：《宋代江南麦作几个问题的探讨》，《历史教学》2010 年第 10 期，第 18—23 页。

② 韩茂莉：《论宋代小麦种植范围在江南地区的扩展》，《自然科学史研究》1992 年第 4 期，第 353—357 页。曾雄生：《麦作在中国的本土化历程——从粮食作物结构的演变看原始农业对中华文明的影响》，CCAST“原始农业对中华文明形成的影响”研讨会论文，北京，2001，第 125—140 页。曾雄生：《析宋代“稻麦二熟”说》，《历史研究》2005 年第 1 期，第 86—106 页。李根蟠：《再论宋代南方稻麦复种制的形成和发展——兼与曾雄生先生商榷》，《历史研究》2002 年第 2 期，第 99—101 页。

③ 方健：《南宋农业史》，人民出版社，2010，第 421—422 页。

同样有麦租记录”。① 李文涛指出南宋时期江南地区麦作扩大的根本原因在于麦作供给军需马料，因此朝廷需要向民户征收麦租。② 可惜的是作者就“麦租”问题并未展开详细叙述。

需要指出的是，曾雄生在《麦作在中国的本土化历程——从粮食作物结构的演变看原始农业对中华文明的影响》一文中对麦作有详细论述，主要包括以下几点：第一，麦作本土化所遇到的障碍，南宋对种麦作的客户不征税，地主不允许佃户种麦作；小麦的食用方式经历了一个过程，即从整粒蒸着吃的“麦饭”到加工成面粉，制作成馒头、面条、包子等蒸煮而食的过程；饮食习惯难以改变；历代将麦作作为救荒粮食，即配角来推广。第二，麦作在中国的发展经历了一个从西到东、从北到南的过程。第三，麦作的本土化过程是本土原有物种的淘汰过程，麦作逐渐成为重要的替代品。第四，麦作的本土化历程也是适应的过程，麦作通过播种时间和食用方式的改进完成了其本土化的历程。第五，麦作是本土化最成功的一个外来农作物。第六，麦作的本土化过程经历了一个漫长的时期。第七，麦作并没有完全取代中国本土的粮食作物，小麦自身的特点可以做到秋种夏收，正好弥补稻青黄不接的时期。第八，政治因素在本土化过程中的作用，小麦南移的原因与北方人口的大量南迁、政府的鼓励性措施、人们对小麦观念的变化等诸多因素有关。③ 这篇文章对中国古代的麦作进行了较为全面而深刻的论述，将我们对麦作的认识提到了一个新的高度。麦作在每一个历史时期都有其发展的特点，与当时的社会有着紧密联系，所以我们还有必要对每一时段的麦作进行进一

① 漆侠主编《辽宋西夏金代通史·社会经济卷》，人民出版社，2011，第198页。

② 李文涛：《宋代江南麦作几个问题的思考》，《历史教学》2010年第10期，第18—23页。

③ 曾雄生：《麦作在中国的本土化历程——从粮食作物结构的演变看原始农业对中华文明的影响》，CCAST“原始农业对中华文明形成的影响”研讨会论文，北京，2001，第125—140页。

步的研究。

综上，学界对麦作的发展脉络已经较为清晰，特别是南宋时期麦作在南方的长足发展，也已经成为学界共识。而学界对唐宋时期麦作发展的阶段性特征重视不够，对这一时期在整个麦作发展历程中的地位还没有一个更加清晰的定位，麦作地位的上升与麦作推广的原因有千丝万缕的联系，二者相辅相成，互为因果，将二者结合将有助于我们对麦作在国家和社会层面的发展有一个更加深入的认识。

三、研究方法

本书以历史学理论为基础，参考经济学和社会学等相关理论方法，以麦作为中心探讨唐宋时期的政治、经济、军事等问题。

在研究方法上，本书的指导思想是马克思主义的唯物史观，笔者运用文献收集和整理的方法，将与唐宋麦作相关的史料进行收集、整理、归纳，结合相关研究成果对唐宋时期麦作的种植、食用方式、地位以及租税等问题进行探讨。书中还采用了图表分析法，例如将《全唐诗》和《全宋诗》中涉麦诗的地点进行比较，分析麦作在唐宋时期南北方的发展状况。图表分析法使文章的表达更加简洁，也更具有说服力。此外，书中还运用了个案分析法，对麦作在淮南地区的种植进行深入探讨。

四、主要创新点与不足

目前我国学界还没有一部关于麦作的专著，这与麦作的地位是不相匹配的。研究麦作不仅仅局限于麦作在农业上的发展，而要将其放到历史的长河中，来探讨麦作的发展历程，以及其与当时的社会所产生的各种各样的联系。麦作从传入至今，在不同的历史阶段对社会所产生的影响有所不同，这些都成就了今日的中国。本书希望起到抛砖引玉的作用，使更多的学者关注这一问题，这也是本书最显著的创新点。

书中对唐宋时期的麦作进行了系统研究，从麦作的种植、食用方式、地位等方面阐释了这一时期麦作发展演变的历史进程。指出麦作在唐宋时期呈现持续扩展的态势，在国家和人们生活中的地位逐渐上升，奠定了今日麦作在我国农业作物中的地位；中国在唐宋时期已经成为麦食大国，此后麦作向规模化和细致化进行延伸。书中还通过个案研究的方式，探讨了南宋时期淮南地区麦作的发展状况。淮南与北方的气候条件较为相似，是南方最适宜种麦的地区。这一地区在南宋由于宋金战争的原因，农业遭到极大破坏，但是在宋金和平时期，当地的农业还是得到了一定程度的恢复，其中麦作就是这一地区种植较为广泛的农作物。

书中对唐宋时期的面食进行了深入分析。这一时期粮食加工业已经成为一个独立的手工业生产部门，出现很多专门从事面粉加工的磨户，他们往往以贩卖面粉为生。书中从磨户的生产规模和生产效益出发，论述了这一时期面粉制造业的发展状况。

当然由于个人能力和史料收集的局限性，书中还有很多问题没有涉及或关注不够，例如人与麦作的互动关系，期待他日继续讨论。

第一章　麦作的种植

作为一种域外传入的农业作物，麦作经历了不断本土化的过程。在这一过程中，麦作的优势日渐凸显，其种植趋势也得到不断增强，从北方到南方，其种植区域呈现不断扩大的态势。

第一节　麦作在北方的种植

中国古代早期种植的主粮，北方是粟类，南方是稻米类。而中国大多数人口长期生活在北方地区，所以当时的中国是一个粟粮种植大国。

一、唐时麦作在北方的种植

小麦在大约4000年之前，也许更早的时期就开始传入中国。① 自两汉开始，华北麦作进入了显著扩张时期。② 汉桓帝时代有歌谣："小麦青青大麦枯，谁当获者妇与姑。"③ 曹操在攻打袁尚时，"追至邺，收其

---

① 韩茂莉：《中国历史农业地理》，北京大学出版社，2012，第316页。

② 卫斯：《我国汉代大面积种植小麦的历史考证——兼与（日）西嶋定生先生商榷》，《中国农史》1988年第4期，第22—30页。

③ 范晔：《后汉书》卷一三《五行志》，中华书局，1965，第3281页。

麦”①，行军之际也下令“士卒无败麦，犯者死”②。这说明东汉时期麦作在中国北方已经广泛种植。

春夏之交正是青黄不接之时，也是一年中饥荒最易爆发的时段，而此时却是麦作成熟的季节，正好可以起到接续救荒的作用。《尔雅翼》记载：“麦者，接绝续乏之谷。方夏之时，旧谷已绝，新谷未登，民于此时乏食，而麦最先熟，故以为重。”③ 故后世有“麦饭熟，快活半年忍饥待此麦”④ 的评价。因此，在北方粟作区，麦作具有后来居上的潜力。唐代北方地区麦作是常见农业作物。“开元十三年，河南寿安县人刘怀家有大麦六亩先熟，与众麦殊色，其中有两歧、三歧、四歧、六歧者。”⑤“关辅之内，农祥荐臻，嘉谷丰衍，宿麦滋殖。闾阎之间，仓廪皆实，百价低贱，实曰小康。”⑥

麦作是唐诗描写中的常见景色。邺中地区：“邺中秋麦秀，淇上春云没。”⑦ 洛阳地区：“四月南风大麦黄。”⑧ 南阳地区：“南阳郭门外，桑下麦青青。”⑨ 河东地区：“炎天故绛路，千里麦花香。”⑩ 陇上地区：“渭桥南渡花如扑，麦垄青青断人目。”⑪ 河中府地区：“老人惆怅逢人诉，开

---

① 陈寿：《三国志》卷六《魏书·袁尚传》，中华书局，1982，第 202 页。

② 陈寿：《三国志》卷一《魏书·武帝纪》，中华书局，1982，第 55 页。

③ 罗愿：《尔雅翼》卷一《释草一·麦》，石云孙点校，黄山书社，2013，第 5 页。

④ 杨镰：《全元诗》第一五册《黎廷瑞·禽言四首》，中华书局，2013，第 389 页。

⑤ 吴玉贵：《唐书辑校》卷四，中华书局，2008，第 1102 页。

⑥ 宋敏求：《唐大诏令集》卷八五《大历八年大赦》，中华书局，2008，第 485 页。

⑦ 彭定求：《全唐诗》卷八六《张说·相州山池作》，中华书局，1960，第 932 页。

⑧ 彭定求：《全唐诗》卷一三三《李颀·送陈章甫》，中华书局，1960，第 1353 页。

⑨ 彭定求：《全唐诗》卷三四一《韩愈·过南阳》，中华书局，1960，第 3825 页。

⑩ 彭定求：《全唐诗》卷二七六《卢纶·送绛州郭参军》，中华书局，1960，第 3130 页。

⑪ 高棅：《唐诗拾遗》卷三《张说·奉和入秦路逢寒食应制》，中华书局，2015，第 3080 页。

尽黄花麦未金。”① 相州地区：“邺中秋麦秀，淇上春云没。”② 宋州（睢阳）地区：“夏雨桑条绿，秋风麦穗黄。”③ 绛州地区：“夜雨新田湿，春风曙角鸣。”④ 宋州地区：“无土不殖，桑麦翳野。”⑤

可见唐诗中的诸多记咏反映许多地方麦田弥望，麦垄如云。从华北平原到黄土高原，各地州郡广泛种麦。“自两汉而下，华北麦作持续扩展，地位不断上升，至中唐已与粟类平分秋色甚至初呈后来居上之势，这无疑是华北粮食发展史上意义最为重大的一次结构性调整。”⑥

二、宋代麦作在北方的种植

中国北方地区的气候、土壤和水资源条件适合麦作的生长，而麦作的亩产量要高于粟类植物，冬季作为其主要生长时间也与粟类等作物没有生产时令的冲突，宋代麦作在北方得到长足发展。

辽阔的河北平原是宋代麦作的主要种植区，初春时为了抑制麦苗疯长，要让牛羊践踏，以起到间苗的作用：“河朔地广，麦苗弥望。方其盛时，须使人纵牧其间，践蹂令稍疎，则其收倍多。”⑦ 欧阳修描述河东地区忻、代一带情况：“已是麦熟，夏税起纳。”⑧ 司马光出使河北曾作诗曰：“桑麦青青四月初。”⑨ 河北邢、洺、赵三州每年产麦量巨大：“每年

① 彭定求：《全唐诗》卷六三三《司空图·虞乡北原》，中华书局，1960，第 7270 页。

② 彭定求：《全唐诗》卷八六《张说·相州山池作》，中华书局，1960，第 932 页。

③ 彭定求：《全唐诗》卷一九七《张谓·别睢阳故人》，中华书局，1960，第 2018 页。

④ 彭定求：《全唐诗》卷二六八《耿湋·送绛州郭参军》中华书局，1960，第 2978 页。

⑤ 董诰：《全唐文》卷五二九《顾况·宋州刺史厅壁记》，中华书局，1983，第 5371 页。

⑥ 王利华：《中古华北饮食文化的变迁》，中国社会科学出版社，2000，第 87 页。

⑦ 苏轼：《苏轼诗集》卷二一《东坡八首》，孔凡礼点校，中华书局，1982，第 1081 页。

⑧ 欧阳修：《欧阳修全集》卷一一五《倚阁忻代州和籴米奏状》，李逸安点校，中华书局，2001，第 1739 页。

⑨ 司马光：《司马温公集编年笺注》卷一一《再使河北》，李之亮笺注，巴蜀书社，2009，第 269 页。

共约出……小麦三万一千二百余石。”[①] 济州兴修水利后，也大量产麦：“本路济州有南李堰、濮州有马陵泊等处，久为积水所占。昨已疏治，修复良田约四千二百余顷。昨来夏秋，民间耕种，所取菽、麦约三二百万余硕。”[②]

宋代士大夫常将麦作生长景色化为诗句。长安地区：“昨者东入秦，大麦黄满田。”[③] 洛阳地区：“垅麦晴将秀，田花晚自春。”[④] 蔡州地区：“旱岁独多麦，时雨如倾盆。”[⑤] 汝州地区：“桑阴盖地牛羊困，麦秀漫山鸟雀肥。”[⑥] 这类诗句还有很多，比如：“今年好雨雪，会见麦千堆。”[⑦]“麦行千里不见土。”[⑧]“麦芒秧颖错杂出，高垅大泽填黄青。”[⑨]“共言今年麦，新绿已映土。”[⑩]“麦苗黄熟稻苗青。”[⑪]“桑柘如云麦禾熟。”[⑫]

宋代麦作在北方地区被广泛种植，是当时黄河以北地区民众的主粮，

---

① 包拯：《包拯集校注》卷二《请将邢洺州牧马地给与人户依旧耕佃》，杨国宜校注，黄山书社，1999，第121页。

② 徐松辑《宋会要辑稿》食货一之二九，刘琳、刁忠民、舒大刚等校点，上海古籍出版社，2014，第5960页。

③ 北大古文献研究所编《全宋诗》卷三五一《途次长安上都漕傅谏议》，北京大学出版社，1998，第4363页。

④ 欧阳修：《欧阳修全集》卷一〇《寄西京张法曹》，李逸安点校，中华书局，2001，第159页。

⑤ 苏辙：《苏辙集》卷一四《送王震给事知蔡州》，陈宏天、高秀芳点校，中华书局，1990，第282页。

⑥ 北大古文献研究所编《全宋诗》卷一六三五《汝州道中呈遵道》，北京大学出版社，1998，第18 335页。

⑦ 苏轼：《苏轼诗集》卷一三《出城送客》，孔凡礼点校，中华书局，1982，第618页。

⑧ 吴之振：《宋诗钞·临川诗钞·后元丰行》，中华书局，1986，第565页。

⑨ 曾巩：《曾巩集》卷二《初夏有感》，陈杏珍、晁继周点校，中华书局，1984，第20页。

⑩ 张耒：《张耒集》卷一一《感春十三首》，李逸安、孙通海、傅信点校，中华书局，1990，第196页。

⑪ 吴之振：《宋诗钞·南阳集钞·登城楼呈子华》，中华书局，1986，第554页。

⑫ 苏辙：《苏辙集》卷一五《送欧阳辩》，陈宏天、高秀芳点校，中华书局，1990，第299页。

麦作的种植地区常受到灾祸的影响："端拱元年三月，霸州大雨雹，杀麦苗。闰五月，润州雨雹伤麦。"① "都城以北，燕蓟之南……麦将槁而禾未生。"② 苏轼曾谈到河北、京东地区一次旱灾："今又不雨，自秋至冬，方数千里，麦不入土。"③ 一遇灾荒，数以十万计民众就要面临饥饿的威胁。欧阳修《青州求晴祭文》就描述了当时民众对麦作失收的焦虑心情："夫麦之为物，历四时而后实，凡所以生育长养成就之功，可谓至矣……今在田者垂穗而蔽野，在场者其积而如坻，民徬徨而视之，穗者不得施其手，积者不得入于廪，使皆化为羽翼而飞扬之，岂不可惜也哉！"④

金代在原北宋统治的北方地区推行了重农政策，统治者也非常重视麦作的种植，关注其生长状况。皇统三年（1143年），京兆和太原路皆有瑞麦进呈。⑤ 兴定元年（1217年），陈州商水县出现一茎四穗的瑞麦，开封府的瑞麦则是一茎三穗或二茎四穗。⑥ 董仲舒曾言，《春秋》中其他谷物都不记载，当"麦禾不成"时则记载下来，由此可见"圣人于五谷最重麦与禾也"。⑦ 《金史》中也常见伤麦的记载，例如：贞祐四年（1216年），凤翔、扶风、岐山、郿县有虫伤麦。⑧ 正大二年（1225年），

---

① 脱脱：《宋史》卷六二《五行志》，中华书局，1985，第1346页。

② 苏轼：《苏轼文集》卷六二《北岳祈雨祝文》，孔凡礼点校，中华书局，1986，第1927页。

③ 苏轼：《苏轼文集》卷二六《论河北京东盗贼状》，孔凡礼点校，中华书局，1986，第753页。

④ 欧阳修：《欧阳修全集》卷四九《青州求晴祭文》，李逸安点校，中华书局，2001，第690页。

⑤ 脱脱：《金史》卷四《金熙宗本纪》，中华书局，1975，第79页

⑥ 脱脱：《金史》卷二三《五行志》，中华书局，1975，第543页。

⑦ 班固：《汉书》卷二四上《食货志》，颜师古注，中华书局编辑部点校，中华书局，1962，第1137页。

⑧ 脱脱：《金史》卷二三《五行志》，中华书局，1975，第542页。

“宿、郑州雨伤麦”[①]。为推动麦作的种植，金朝政府将麦种借贷给农民[②]，并严厉惩罚违规官员。兴定五年（1221 年）十月，金宣宗谕宰臣曰：“比欲民多种麦，故令所在官贷易麦种。今闻实不贷与，而虚立案簿，反收其数以补不足之租。其遣使究治。”[③] 金廷还重视兴修水利，泰和年间（1201—1208），“比年邳、沂近河布种豆麦，无水则凿井灌之，计六百余顷，比之陆田所收数倍”[④]。砀山诸县的陂湖已形成稳定的稻麦复种制，贞祐四年（1216 年）八月，言事者程渊言：“砀山诸县陂湖，水至则畦为稻田，水退种麦，所收倍于陆地。”[⑤] 这一时期金朝境内种麦的区域北至中都、西京、北京、上京、辽东、临潢、陕西[⑥]，南至徐州、邳州。[⑦] 而河南是种麦最为集中的地区。渔猎民族出身的统治者还保有狩猎习俗，而在农耕区进行狩猎之时，麦就会遭到极大破坏。正隆六年（1161 年）三月，海陵王“次河南府，因出猎，幸汝州温汤，视行宫地。自中都至河南，所过麦皆为空”[⑧]。当然，统治者对麦作这种毁灭性的破坏是不多见的，但在金朝控制下的北方，麦作似乎并没有呈现较之北宋时期更加明显的发展态势。

第二节　麦作在南方的种植

南方多水，适合水稻种植，所以在中国古代较长时期中，南方主要

---

① 脱脱：《金史》卷一七《金哀宗本纪》，中华书局，1975，第 376 页
② 脱脱：《金史》卷一五《金宣宗本纪》，中华书局，1975，第 347 页
③ 脱脱：《金史》卷四七《食货二・租赋》，中华书局，1975，第 1062 页。
④ 脱脱：《金史》卷五〇《食货五・水田》，中华书局，1975，第 1122 页。
⑤ 脱脱：《金史》卷五〇《食货五・水田》，中华书局，1975，第 1122 页。
⑥ 脱脱：《金史》卷四七《食货二・租赋》，中华书局，1975，第 1055—1056 页。
⑦ 脱脱：《金史》卷一〇七《张行信传》，中华书局，1975，第 2363 页。
⑧ 脱脱：《金史》卷五《海陵本纪》，中华书局，1975，第 113 页。

种植水稻。当北方战乱，大量北方人向较为安定的南方迁徙之时，也将北方的麦作带到了南方。

一、唐至北宋麦作在南方的种植

东晋南朝时期，人口大量南迁，麦作在南方得以广泛种植。建康周围和京口、晋陵之间以及会稽、永嘉一带是当时麦作种植面积较大的地区。① 唐代南方麦作种植区域已经相当广大。许多州郡都有种麦的记载，这在唐代诗文中有不少反映。江州地区："四月未全热，麦凉江气秋。"② 岳州地区："年年四五月，茧实麦小秋。"③ 越州地区："偶斟药酒欺梅雨，却着寒衣过麦秋。"④ 润州地区："簟凉初熟麦。"⑤ 苏州地区："去年到郡时，麦穗黄离离。"⑥ 荆州地区："荆州麦熟茧成蛾。"⑦ 楚州地区："川光净麦垄。"⑧ 鄂州地区："冬来三度雪，农者欢岁稔。我麦根已濡，各得在仓廪。"⑨ 阆州地区："梅黄麦绿无归处。"⑩ 根据梁家勉的研究，南方苏州、岳州、越州、润州、台州、江州、荆州、宣州、饶州、池州、楚州、容州、湘州、鄂州、陕州、夔州以及云南都有麦作种植。⑪

北宋时，在地势较高、水源不足的南方丘陵旱地已经推广麦作种植。

---

① 张学锋：《试论六朝江南之麦作业》，《中国农史》1990 年第 3 期，第 16—22 页。

② 白居易：《白居易集》卷七《泛溢水》，顾学颉校点，中华书局，1979，第 129 页。

③ 元稹：《元稹集》卷三《竞舟》，冀勤点校，中华书局，2010，第 34 页。

④ 彭定求：《全唐诗》卷六五〇《方干·鉴湖西岛言事》，中华书局，1960，第 7470 页。

⑤ 彭定求：《全唐诗》卷五二九《许浑·闲居孟夏即事》，中华书局，1960，第 6052 页。

⑥ 白居易：《白居易诗集校注》卷二一《格诗歌行杂体·答》，谢思炜校注，中华书局，2006，第 1689 页。

⑦ 李白：《李太白全集》卷四《荆州歌》，王琦注，中华书局，1977，第 238 页。

⑧ 李白：《李太白全集》卷九《赠徐安宜》，王琦注，中华书局，1977，第 465 页。

⑨ 彭定求：《全唐诗》卷二四一《元结·雪中怀孟武昌》，中华书局，1960，第 2705 页。

⑩ 彭定求：《全唐诗》卷六七六《郑谷·游蜀》，中华书局，1960，第 7742 页。

⑪ 梁家勉主编《中国农业科学技术史稿》，农业出版社，1989，第 338—339 页。

宋太宗时“诏江南、两浙、荆湖、岭南、福建诸州长吏，劝民益种诸谷，民乏粟、麦、黍、豆种者，于淮北州郡给之”①。元丰三年（1080年），苏轼被贬至黄州，在当地种麦时，得到农夫的指导：“桑柘未及成，一麦庶可望。投种未逾月，覆块已苍苍。农父告我言，勿使苗叶昌。君欲富饼饵，要须纵牛羊。”② 可见长江流域已有通过牛羊踩踏，抑制麦苗初期长势的种麦经验。北宋时的苏州地区，“刈麦种禾，一岁再熟”③。广南东路惠州之民原来不知种麦，陈尧佐于宋仁宗时任惠州知州，“南民大率不以种艺为事，若二麦之类，盖民弗知有也。公始于南津阒地，教民种麦，是岁大获。于是惠民种麦者众矣”④。

二、南宋时期麦作在南方的种植

南宋时期失去了北方领土的宋廷积极推动麦作在南方的种植，“北麦南种”则成为此时农业发展的重要趋势。

（一）麦作推广的原因

1. 大量食面的北方人南迁

宋室南渡后，大量北方人南迁，根据吴松弟的研究，靖康元年（1126年）开始的北方人南迁，一直持续到南宋灭亡，其中战争时期的南迁较为集中，“时间共六十六年，占靖康末以来直至南宋灭亡的一百五

---

① 脱脱：《宋史》卷一七三《食货志》，中华书局，1985，第4159页。

② 苏轼：《苏轼诗集》卷二一《古今体诗八十六首·东坡八首·其五》，孔凡礼点校，中华书局，1982，第1081页。

③ 朱长文：《吴郡图经续记》卷上《物产》，《文渊阁四库全书》第484册，商务印书馆，1986，影印本，第6页。

④ 曾枣庄、刘琳主编《全宋文》卷二一七六《郑侠·惠州太守陈文惠公祠堂记》，上海辞书出版社、安徽教育出版社，2006，第100册，第8页。

十四年的 43%”[①]，移民总数可达到 500 万以上[②]。一般而言，饮食习惯是比较稳定的，大量北方人的迁入，使社会对面食的需求大增，麦作种植更加普遍。

2. 麦作的接续之用

根据李华瑞统计，南宋共发生 818 次灾害，其中水灾 256 次、旱灾 115 次、蝗螟 55 次、地震 45 次、地灾 13 次、风灾 95 次、雹灾 94 次、潮灾 52 次、寒冷 49 次、疫灾 40 次、鼠害 4 次。[③] 平均每年发生 5.5 次灾害，如果考虑到南宋中后期的史料缺乏，真实的灾害可能还要更多。现根据《宋史》卷六七《五行五》，描述一下灾荒时民众凄惨的生活：

灾荒引发粮价上涨，绍兴二年（1132 年）春，“两浙、福建饥，米斗千钱……（五年）夏，潼川路饥，米斗二千……（六年）夏，蜀亦大饥，米斗二千，利路倍之……（隆兴元年）平江襄阳府、随泗州、枣阳盱眙军大饥，随、枣间米斗六七千”[④]。米价上涨带来了一连串连锁反应，人们以草木竹为食，甚至出现人相食的景象。嘉定三年（1210 年），“春，建康府大饥，人相食……咸淳八年（1272 年）冬，襄阳饥，人相食……德祐二年（1276 年）正月，扬州饥。三月，扬州谷价腾踊，民相食”[⑤]。大量饥民只得依靠政府接济，绍兴十八年（1148 年）冬，“浙东、江淮郡国多饥，绍兴尤甚。民之仰哺于官者二十八万六千人，不给，乃食糟糠、草木，殍死殆半”[⑥]。淳熙八年（1181 年），“南康饥民一十二万

① 吴松弟：《南宋人口史》，上海古籍出版社，2008，第 142 页。
② 吴松弟：《南宋人口史》，上海古籍出版社，2008，第 146 页。
③ 李华瑞：《宋代救荒史稿》，天津古籍出版社，2014，第 32 页。
④ 脱脱：《宋史》卷六七《五行五》，中华书局，1985，第 1464—1465 页。
⑤ 脱脱：《宋史》卷六七《五行五》，中华书局，1985，第 1467 页。
⑥ 马端临：《文献通考》卷二六《国用考四·赈恤》，中华书局，2011，第 779 页。

二千有奇，兴国饥民七万二千有奇”[①]。庆元六年（1200年），“冬，常州大饥，仰哺者六十万人”[②]。流民大批出现，隆兴二年（1164年），“淮民流徙江南者数十万人”[③]。嘉定元年（1208年），“淮民大饥，食草木，流于江、浙者百万人”[④]。有的则被迫沦为盗匪，绍兴六年（1136年），“春，浙东、福建饥，湖南、江西大饥，殍死甚众，民多流徙，郡邑邛、盗起”[⑤]。乾道四年（1168年）春，“蜀邛绵剑汉州、石泉军大饥，邛为甚。盗延八郡，汉饥民至九万余”[⑥]。嘉定三年（1210年）“五月，衢州饥，颇聚为剽盗”[⑦]。更多的人饿死，尸横遍野，甚至无处掩埋。除了饿死，饥荒还引发了其他原因的死亡，比如因为赈济发生踩踏致死的事件，淳熙十年（1183年），“合、昌州荐饥，民就振相蹂死者三十（千）余人”[⑧]。面对饥荒，民众失去了生活下去的希望，甚至带着全家赴死以求解脱的，“有举家二十七人同赴水死者”[⑨]。灾荒还造成大量弃儿，绍熙三年（1192年），“资荣州亡麦。普叙简隆州、富顺监皆大饥，亡麦，殍死者众……威远县弃儿且六百人”[⑩]。嘉定二年（1209年）冬“行都大饥，殍者横市，道多弃儿”[⑪]。此外，饥荒还造成了铜钱的外流和不断消耗：乾道七年（1171年），“淮郡亦荐饥，金人运麦于淮北岸易南岸铜

① 脱脱：《宋史》卷六七《五行五》，中华书局，1985，第1444页。
② 脱脱：《宋史》卷六七《五行五》，中华书局，1985，第1466页。
③ 脱脱：《宋史》卷六七《五行五》，中华书局，1985，第1464页。
④ 脱脱：《宋史》卷六七《五行五》，中华书局，1985，第1466页。
⑤ 脱脱：《宋史》卷六七《五行五》，中华书局，1985，第1463页。
⑥ 脱脱：《宋史》卷六七《五行五》，中华书局，1985，第1464页。
⑦ 脱脱：《宋史》卷六七《五行五》，中华书局，1985，第1467页。
⑧ 脱脱：《宋史》卷六七《五行五》，中华书局，1985，第1465页。
⑨ 脱脱：《宋史》卷六七《五行五》，中华书局，1985，第1466页。
⑩ 脱脱：《宋史》卷六七《五行五》，中华书局，1985，第1465—1466页。
⑪ 脱脱：《宋史》卷六七《五行五》，中华书局，1985，第1467页。

镪，斗钱八千。江西饥，民流光、濠、安丰间，皆效淮人私籴，钱为之耗”①。

麦作在南方的推广，为当地人们提供了更多的粮食，也缓解了青黄不接之时的缺粮困境。范成大《晚春田园杂兴》诗云：“五月江吴麦秀寒，移秧披絮尚衣单。稻根科斗行如块，田水今年一尺宽。二麦俱秋斗百钱，田家唤作小丰年。饼炉饭甑无饥色，接到西风熟稻天。”② 麦作获得丰收就可称这一年景这“小丰年”，农民数月之食都可由麦食保障，麦作真正起到了继绝续乏的作用。生活在南宋中后期的方大琮（1183—1247）多次提到麦作丰收后的喜悦：“又值麦成一秋，比常年二三倍收，深山穷谷、通都大市各有饱意。”③ “二麦大稔，被野如云，海乡流移悉归食新，其接济多少人，其消弭多少事！天之赐也，侯之赐也。”④ 无论穷乡僻壤还是城镇，乃至于海乡流移之人都可以因为麦作的成熟而无饥饿之忧。

3. 麦作的备荒之用

麦作丰收之时，官府大量籴买，可以增加政府的粮食储备，还可以起到平抑粮价的作用，从而提高粮食的抗风险能力。绍兴三十二年（1162 年）五月六日，宋高宗下诏收籴两淮麦作，“令淮南转运司委官置场，趁时收籴”⑤，规定了每路各五万石，两路十万石的任务，并就近桩

---

① 脱脱：《宋史》卷六七《五行五》，中华书局，1985，第 1464 页。

② 范成大：《范成大集校笺·石湖居士诗集》卷二七《四时田园杂兴六十首·晚春田园杂兴十二绝》，吴企明校笺，上海古籍出版社，2022，第 1351 页。

③ 方大琮：《铁庵集》卷一五《与袁侍郎书五》，《北京图书馆古籍珍本丛刊》第 89 册，书目文献出版社，1998，第 481 页。

④ 方大琮：《铁庵集》卷二一《书·乡守项寺承（博文）》，《北京图书馆古籍珍本丛刊》第 89 册，书目文献出版社，1998，第 570 页。

⑤ 徐松辑《宋会要辑稿》食货四〇之三四，刘琳、刁忠民、舒大刚等校点，上海古籍出版社，2014，第 6895 页。

管，籴本是二万贯的献助钱、度牒钱，如不足可“续行申乞支降”。[①] 可以说是一定要完成十万石的收籴任务。另外，麦作成熟，米价降低，官府可以趁时收籴稻米。乾道五年（1169 年）七月二日，总领淮西江东军马钱粮叶衡言：“今夏自二麦收成之后，米价日就减损，乞支降官会数百万道付三总领司，趁时兑易钱银，收籴米粮，以为储蓄之备。”[②]

社会需求的不断增加，与麦作自身优势相结合，推动了麦作在南方的发展。

（二）宋廷举措

为满足社会对麦作的需求，宋廷采取了积极措施推动其在南方的深度推广。通过发布督麦诏的方式，不断督促各地官员增加种麦亩数。并将伤麦与麦不成的灾害记载下来，可见宋廷对麦作长势的重视。

1. 通过督麦诏推动麦作的种植

首先，宋廷通过官贷和劝谕大户借贷等方式解决民户缺乏麦种的问题。乾道七年（1171 年）十月五日，宋廷下诏令江东西、湖南北的官员通过官贷、民贷等方式，解决民户麦种问题，使民户“趁时广行种麦”，同时要求据实上报已种亩数，“当议取旨殿最赏罚”。[③] 淳熙八年（1181 年），朝廷再次下诏令官借麦种给两浙诸州军下户播种，一定“毋致失时”[④]。淳熙九年（1182 年）五月十一日，宋廷又诏各路帅臣、漕臣和提

---

① 徐松辑《宋会要辑稿》食货四〇之三四，刘琳、刁忠民、舒大刚等校点，上海古籍出版社，2014，第 6895 页。

② 徐松辑《宋会要辑稿》食货四〇之四八至四九，刘琳、刁忠民、舒大刚等校点，上海古籍出版社，2014，第 6903 页。

③ 徐松辑《宋会要辑稿》食货六三之二一九，刘琳、刁忠民、舒大刚等校点，上海古籍出版社，2014，第 7729 页。

④ 脱脱：《宋史》卷一七三《食货上》，中华书局，1985，第 4176 页。

举常平司“疾速行下所部州县，多出文榜劝谕人户，趁时广种二麦”①。没有麦种的，由常平仓借给，一定“毋令种布失时”②。宋廷想办法解决民众遇到的各种困难，以不延误麦作播种的时节，急迫的心情可见一斑。绍熙五年（1194 年）九月二十八日，宋廷又下诏令两浙、两淮路提举司，用常平钱收籴麦种，“疾速赈贷施行，毋致有失布种”③。

其次，形成了从中央到地方的垂直督麦机制。乾道九年（1173 年），钱端礼“奉御笔”督促守、令“多方劝诱，广种二麦”。④ 至今保留下来的南宋劝农文的数量超过了历代类似文章之总和，⑤ 其中很多是劝民种麦文，例如朱熹有《劝谕趁时请地种麦榜》《谕人户种荞麦大小麦》《再谕人户种二麦》等。⑥ 抚州知州黄震在咸淳七年（1271 年）至九年（1273 年）连续三年发布劝种麦文，详细分析了种麦的好处，劝民种麦。麦作除了接续之用外，栽种和收获省时省力，种麦的收成全归农户，麦秆还可以当柴薪使用。“及秋而种，天气未寒，初夏即收，天气未热，种于干地，手脚不沾泥水，锄块而作孔亦可种，犁地而撒子亦可种，是麦之事甚易也……种麦不用还租，种得一石是一石，种得十石是十石，又

---

① 徐松辑《宋会要辑稿》食货六三之二二四，刘琳、刁忠民、舒大刚等校点，上海古籍出版社，2014，第 7732 页。

② 徐松辑《宋会要辑稿》食货六三之二二四，刘琳、刁忠民、舒大刚等校点，上海古籍出版社，2014，第 7732 页。

③ 徐松辑《宋会要辑稿》食货六八之九六，刘琳、刁忠民、舒大刚等校点，上海古籍出版社，2014，第 8006 页。

④ 徐松辑《宋会要辑稿》食货六三之二二一，刘琳、刁忠民、舒大刚等校点，上海古籍出版社，2014，第 7730 页。

⑤ 方健：《南宋农业史》，人民出版社，2010，第 399 页。

⑥ 朱熹：《朱熹集·朱熹别集》卷九《劝谕趁时请地种麦榜》《谕人户种荞麦大小麦》《再谕人户种二麦》，尹波、郭齐点校，四川教育出版社，1996，第 5542 页、第 5558 页、第 5568 页。

有麦秆当初夏无人入山樵采之时，可代柴薪。”① 地方官员的劝种麦文对于麦作的推广起到了不容小觑的作用，使得麦食在南宋民众的餐食中占据越来越重要的位置。

最后，宋廷不断加强监督，将官员上报种麦亩数与朝廷派人核查两者结合，以防止地方官员弄虚作假。乾道七年（1171 年）二月四日，朝廷下诏，令扬州知州晁公武和庐州知州赵善俊，“子细契勘所种二麦”②，并据实上报尚书省。淳熙八年（1181 年）五月，宋廷又下诏曰：“乃者得天之时，蚕麦既登，及命近甸取而视之，则歧秀而穟短，茧成而丝薄，非种植风戾之功有所未至欤……朕将稽奉行之勤怠，诏赏罚焉。”③ 将劝谕民众种麦的程度作为官员赏罚的依据。当然，官员的意见也得到朝廷的充分重视，嘉定八年（1215 年）宋廷接受朝臣建议，下诏“两浙、江淮路谕民杂种粟、麦、麻、豆，有司毋收其赋，田主毋责其租”④。通过政府免赋税、田主免租的方式来大力推广麦作的种植。

2. 关注麦作生长状况

一地发生自然灾害后，为减轻百姓负担，宋廷会不同程度地减免当地赋税。鉴于南宋麦作种植区域的扩展，以及宋廷对其长势的关注，史书中常见伤麦和麦不成的记载。

---

① 黄震：《黄震全集·黄氏日抄》卷七八《咸淳七年中秋劝种麦文》，张伟、何忠礼主编，浙江大学出版社，2013，第 2221 页。

② 徐松辑《宋会要辑稿》食货六三之二一八，刘琳、刁忠民、舒大刚等校点，上海古籍出版社，2014，第 7728 页。

③ 徐松辑《宋会要辑稿》食货六三之二二三，刘琳、刁忠民、舒大刚等校点，上海古籍出版社，2014，第 7731 页。

④ 佚名：《宋史全文》卷三〇《宋宁宗三》，汪圣铎点校，中华书局，2016，第 2571 页。

表 1-1　南宋有关麦歉收记载的统计表

序号	时间	饥荒表征
1	宋孝宗乾道元年（1165 年）	夏，亡麦
2	宋孝宗乾道二年（1166 年）	夏，亡麦
3	宋孝宗乾道三年（1167 年）	九月，不雨，麦种不入
4	宋孝宗乾道五年（1169 年）	淮郡麦种不入
5	宋孝宗乾道八年（1172 年）	江西亡麦
6	宋孝宗淳熙三年（1176 年）	夏，台州亡麦
7	宋孝宗淳熙九年（1182 年）	春，大亡麦
8	宋孝宗淳熙十二年（1185 年）	福建饥，亡麦
9	宋孝宗淳熙十六年（1189 年）	夏，成州亡麦
10	宋光宗绍熙二年（1191 年）	阶、成、凤、西和州亡麦
11	宋光宗绍熙三年（1192 年）	是年，资、荣州亡麦。普叙简隆州、富顺监皆大饥，亡麦
12	宋光宗绍熙四年（1193 年）	绵州亡麦。夏，绍兴府亡麦。安丰军大亡麦
13	宋光宗绍熙五年（1194 年）	冬，亡麦苗
14	宋宁宗庆元三年（1197 年）	浙东郡国亡麦，台州大亡麦，民饥多殍
15	宋宁宗嘉泰二年（1202 年）	广安、怀安军、潼川府大亡麦
16	宋宁宗开禧二年（1206 年）	绍兴府、衢、婺州亡麦
17	宋宁宗嘉定七年（1214 年）	台州大亡麦
18	宋宁宗嘉定十一年（1218 年）	秋，淮、浙、江东饥馑，亡麦苗
19	宋宁宗嘉定十六年（1223 年）	是岁，行都、江、淮、闽、浙郡国皆亡麦禾

资料来源：根据《宋史》卷六七《五行五》整理而成。

从表 1-1 可知，麦作受损的情况为：乾道年间（共计 9 年）共计 5 次，淳熙年间（共计 16 年）4 次，绍熙年间（共计 5 年）4 次，庆元年间（共计 6 年）1 次，嘉泰年间（共计 4 年）1 次，开禧年间（共计 3 年）1 次，嘉定年间（共计 17 年）3 次。这些麦作受损的地方应该是种植达到一定面积，而且麦作对当地有重要影响，不然不会专门提到麦作受损。除去5次没有记载具体州县外，上表涉及的州县如下：

两浙路：台州（3次）、浙（4次）。

江南路：江、江西、江东（2次）。

淮南路：淮（4次）、淮安军、安丰军。

利州路：阶、成（2次）、凤、西和州。

潼川府路：资、荣、普、叙、简、隆州、富顺监、广安、潼川府。

成都路：绵州。

福建路：福建（2次），行都、绍兴府（2次）。

从提到次数由高往低排序依次是两浙路、淮南路、潼川府路、利州路、江南路、福建路、绍兴府、行都、成都路。从以上麦禾不成的记载可以看到麦作的种植区域主要有临安、两浙、两淮、江南、福建、四川，这与方健的论述“湖南、两广……麦作较少”①，不谋而合。

（三）南方种麦技术的改进

政府和官员的行政推动，是麦作在南方扩展的外在动力。稻、麦两种作物的空档生长期相互错开，使农田与农时得到最大程度的利用，这是南宋民众推广稻麦连作的内在动力。宋代农民通过早稻品种改良和别田育秧技术，解决了稻麦连种的时间冲突和用地矛盾。诸多稻种的涌现，使南宋农民可以因地制宜、因时制宜地进行农业作物种植。

旱地种麦南北方差别不大，而在水田中种植的稻是南方的主要农业

① 方健：《南宋农业史》，人民出版社，2010，第442—443页。

作物，所以“北麦南种”面临的难题是如何解决“稻麦复种”的问题。这个困难主要体现在两点：一是时间因素，稻麦轮种时，要避开两种作物生长的重叠期，前季作物未到成熟期不能提前收割，后季作物到了播种期又不能耽误农时。这个农业时间窗口的解决，是推广“北麦南种”的重要前提。二是地理因素，水稻收割后，将水田改造成旱田种麦，麦作收获后，将旱田转换成水田。此外稻田长期积水，土壤黏重，麦作根须难以向土壤中生长扎根。

方健认为：“南宋无疑是稻麦两熟复种制得到全面推广，作为一种成熟的耕作制度确立而继往开来的关键时期。”① 其原因中的一个关键因素是“农业技术进步提供的保障……种麦须重视排水、中耕、施肥等环节”②。但是作者在书中并未对这一农业技术展开论述，这就给笔者留下了进一步探讨的空间。

首先，南宋农民通过水稻品种改良和水稻秧播技术，解决了稻麦复种的时间矛盾。宋代培育了多种水稻品种，早稻、晚稻以及生长期短的稻种在这一时期都有很大的发展，如占城稻既耐旱，又早熟，“比中国者穗长而无芒，粒差小，不择地而生”③。“宋代保存至今的地方志…… 共收录水稻品种 213 个”④，其中“闪西风”“八月白”“八月乌”都是八月收获的晚稻品种，黄穋稻也是生育期短的著名品种⑤。这些栽种时间、收获时间和生长期不同的水稻，使南宋农民可以因地制宜地进行稻麦复种。

春夏之交稻麦生长期有重叠和冲突：麦苗还在田里生长，不能收割；

---

① 方健：《南宋农业史》，人民出版社，2010，第 428 页。

② 方健：《南宋农业史》，人民出版社，2010，第 420 页。

③ 脱脱：《宋史》卷一七六《食货志》，中华书局，1985，第 4162 页。

④ 包伟民、吴铮强：《宋朝简史》，福建人民出版社，2006，第 193 页。

⑤ 曾雄生：《中国历史上的黄穋稻》，《农业考古》1998 年第 1 期，第 296 页。

而稻秧已经需要播种，不能等待。南宋农民的解决办法是另辟秧田，采取水稻秧播技术。韩茂莉认为“水稻改为秧播后，水稻在大田的生长期为（农历）5—8 月，麦作为（农历）8—5 月，稻麦两种作物在时间与空间上，正好填补了彼此的空白。故水稻秧播技术是促使麦作种植区从原来的坡地、旱地移向平原的重要因素”①。王曾瑜先生认为“宋时长江流域的复种制，主要是冬麦与晚稻的连作”②。水稻经壮秧后再移植到大田，其生长期是农历五月至八月，而麦作生长期为农历八月至五月，这样稻麦两种作物种收衔接，相互补充，不仅仅避免了用地之争，还增加了农田的复种指数，从一年一熟制发展成一年两熟或两年三熟制。陆游《夏四月渴雨恐害布种代乡邻作插秧歌》一诗中就记载了这个景象：“浸种二月初，插秧四月中。小舟载秧把，往来疾于鸿。”③

其次，在地理方面，宋人使用了水田旱作的排灌和起垄作沟技术。在稻田能否成功种植麦作，排水技术在其中起着决定性的作用。农历八月水稻收割后，经完全排水才能使水田变旱田，麦作才有生长的条件。宋代南方稻农已经积累了丰富的旱浇涝排的经验，稻苗生长期间要科学排灌，遇大暑天要“决去其水，使日曝之，（以）固其根，名曰靠田。根既固矣，复车水入田，名曰还水”④。陈旉在《农书》中也记录了水田改旱的环节：“早田获刈才毕，随即耕治晒暴，加粪壅培，而种豆麦蔬茹。”⑤ 可见，南宋稻农已经熟练掌握了水田排灌技术。

---

① 韩茂莉：《宋代农业地理》，山西古籍出版社，1993，第 212 页。

② 王曾瑜：《宋代的复种制》，《涓埃编》，河北大学出版社，2008，第 46 页。

③ 陆游：《陆游全集校注·剑南诗稿校注》卷二九《夏四月渴雨恐害布种代乡邻作插秧歌》，钱仲联、马亚中主编，浙江古籍出版社，2015，第 40 页。

④ 高斯得：《耻堂存稿》卷五《宁国府劝农文》，《文渊阁四库全书》第 1182 册，商务印书馆，1986，影印本，第 88 页。

⑤ 陈旉：《陈旉农书校注》卷上《耕耘之宜篇》，万国鼎校注，农业出版社，1965，第 26 页。

稻田重整地块后，起垄技术是麦作种植的关键环节。我国自战国时期就已经掌握垄作技术，又称为“畎亩法”。宋代麦作种植过程中也采用了垄作技术，“宋、元时期江南农民创造了一套开沟筑疄、泄水防渍的技术。”[①]《王祯农书》将这种起垄技术称为“腰沟”法：“高田早熟，八月燥耕而熯之，以种二麦。其法：起墢为疄，两疄之间，自成一畎。一段耕毕，以锄横截其疄，泄利其水，谓之‘腰沟’。”[②] 在稻麦换茬之际，“起墢为疄”抬高了作物生长的地面，而挖沟为畎，沟沟相通则保证了及时排水。“腰沟”法使水田变成了田高土爽的旱地，从而使冬麦免遭水渍之害。宋代诗文中多有“垄麦”或“麦垄”一类的说法，大概就是对腰沟起垄的这种农田景观的描写。

由于水田之中需要稻麦连作，地力容易损耗，因此这类田地在耕种时要多加施肥。陈旉言：“八月社前，即可种麦，宜屡耘而屡粪麦，经两社，即倍收，而子颗坚实。”[③] 经充分施肥后，麦作成熟后可以保证籽粒饱满。第二年五月麦作收获后，立即整地灌水，变旱地为水田，插秧植稻，开始第二轮循环。“二麦既收，然后平沟畎，蓄水深耕，俗谓之‘再熟田’也。”[④]

宋代农民通过早稻品种改良、别田育秧技术、水田排灌和起垄作沟技术，克服麦作不喜水湿的弱点和稻麦生长期冲突的矛盾，使“北麦南种”的异土移植获得成功。南宋时，“南北之人皆能种莳”[⑤] 麦作。《鸡肋编》中记载：“建炎之后，江、浙、湖、湘、闽、广，西北流寓之人遍

---

① 梁家勉主编《中国农业科学技术史稿》，农业出版社，1989，第402页。

② 王祯：《农书译注》上册，齐鲁书社，2009，第42—43页。

③ 陈旉：《陈旉农书校注》卷上《六种之宜篇》，万国鼎校注，农业出版社，1965，第31页。

④ 王祯：《农书译注》上册，齐鲁书社，2009，第43页。

⑤ 梁克家：《淳熙三山志》卷四一《土俗类三·物产》，《宋元方志丛刊》第8册，中华书局，1990，第8252页。

满。绍兴初，麦一斛至万二千钱，农获其利，倍于种稻。而佃户输租，只有秋课。而种麦之利，独归客户。于是竞种春稼，极目不减淮北。”① 两浙东路的温州和处州已经形成了稳定的米麦贸易，“温与处实为邻境，平时处之面下而易温之所无，温之米上而济处之所乏”②。福建路种麦也较为成功，广东经略使方大琮曾言：“麦自漳、泉诸处来，以供广人食用，磨而为面，每斤百余文，其在闽中只二三十文。”③ 漳、泉二州的麦作运到广东，价格可以增长三四倍，于是方大琮劝谕当地人积极种麦，以实现“米麦俱盛，有麦自面”④。

三、南方的稻麦复种制

对于稻麦复种是在一块土地上还是在两块不同的土地上进行，学界还存在一定的争议。一块土地上的复种，带来的好处不仅仅是粮食产量的提高，也是宋代对我国农业耕种技术的一大推进，有利于推动多熟制的发展。两块土地上的复种，就扩展了土地的范围，对于习惯在水田种植水稻的南方来说，旱地包括山地和丘陵，都可以种植粮食作物，对于人多地少以及山多的地区来说，多种一季的作物，无疑也是增加了粮食产量。所以无论何种形式的复种都有利于增加粮食产量。

（一）两浙地区

稻麦复种制在两浙地区已经非常成熟，可以实现一年两熟或两年三

---

① 庄绰：《鸡肋编》卷上《各地食物习性》，萧鲁阳点校，中华书局，1983，第 36 页。

② 吴泳：《鹤林集》卷二三《与马光祖互奏状》，《文渊阁四库全书》第 1176 册，商务印书馆，1986，影印本，第 219 页。

③ 方大琮：《铁庵集》卷三三《劝种麦》，《北京图书馆古籍珍本丛刊》第 89 册，书目文献出版社，1998，第 728 页。

④ 方大琮：《铁庵集》卷三三《劝种麦》，《北京图书馆古籍珍本丛刊》第 89 册，书目文献出版社，1998，第 728 页。

熟。陈旉的《农书》主要总结的就是南宋两浙地区的农业生产经验："早田刈获才毕，随即耕治暴，加粪壅培，而种豆、麦、蔬茹，因以熟土壤而肥沃之。"① 早稻收割后，继续播种豆、麦、蔬菜，麦可以越冬，其他作物当年成熟。可见，如果种植麦作，就是两年三熟，如果种豆，则是一年两熟了。而稻与麦的接续播种比较普遍，例如平江府地区："蚕出柔桑绿，秧齐小麦鲜。"② 常州地区："麦卧黄云珑，秧分绿锦畦"③，"麰麦登而雨，白水青秧，弥望一州，丰年之祥也"④。衢州地区："鹁鸠晴雨报人知，更问农家底事宜。村落泥干收麦地，稻田水满插秧时。小麦青青大麦黄，新蚕满箔稻移秧。绿荫马倦休亭午，芳草牛闲卧夕阳。"⑤ 范成大有诗云："梅花开时我种麦，桃李花飞麦丛碧。多病经旬不出门，东陂已作黄云色。腰镰刈熟趁晴归，明朝雨来麦沾泥。犁田待雨播晚稻，朝出移秧夜食麦。"⑥ 梅花开时种麦作，第二年桃花开了，麦作已经郁郁葱葱了，几个月后麦作变成金黄色，就可以收割了。晴天割麦后，犁地等待雨水，这样旱地变水田，可以种晚稻了，早上将水稻苗移植到大田中，晚上可以吃麦了。短短几句诗句描述了农民从种麦到收割到种稻的全过程。

---

① 陈旉：《陈旉农书校注》卷上《耕褥之宜篇》，万国鼎校注，农业出版社，1965，第174页。

② 李弥逊：《筠溪集》卷一四《次韵贲远归田四首》，《文渊阁四库全书》第1130册，商务印书馆，1986，影印本，第726页。

③ 孙觌：《鸿庆居士集》卷五《夏日田舍》，《文渊阁四库全书》第1135册，商务印书馆，1986，影印本，第59页。

④ 孙觌：《内简尺牍》卷六《与常守虞龙图帖》，《文渊阁四库全书》第1135册，商务印书馆，1986，影印本，第526页。

⑤ 曾几：《茶山集》卷八《途中二首》，《文渊阁四库全书》第1136册，商务印书馆，1986，影印本，第542页。

⑥ 范成大：《范成大集校笺·石湖居士诗集》卷一一《刈麦行》，吴企明校笺，上海古籍出版社，2022，第524页。

（二）江南东西路

曾知荆门军的陆九渊将当地与江东西的农业生产进行了比较，为我们呈现了江东西的农业生产情况：

> 江东西无旷土，此间（指荆门军一带）旷土甚多。江东西田分早晚，早田者种早禾，晚田种晚大禾；此间田不分早晚，但分水陆。陆田者只种麦豆麻粟，或蔬栽桑，不复种禾，水田乃种禾。此间陆田，若在江东西十八九为早田矣。水田者，大率仰泉，在两山之间，谓之浴田；实谷字，俗书从水；江东西谓之源田。潴水处曰堰，仰溪流者亦谓之浴，盖多在低下；其港陂亦谓之堰。江东西水多及高平处，此间则不能，盖其陂不能如江东西之多且善也。①

从以上可知，江南东西路的土地利用率很高，几乎没有荒地，早田种早稻，晚田种晚稻，一年两熟，陆九渊对于湖北陆田不复种很惊讶，说明江东西的陆田复种稻很普遍。当地人们还因地制宜地建设水利设施，满足农田的用水需求。

这一地区占城稻较多，为当地人的复种提供了更多的可能性。隆兴府所种稻田“十分内七分并是早占米，只有三二分布种大禾”②。南宋嘉定（1208—1224）进士吴泳在《隆兴府劝农文》中说：“豫章所种，占米为多，有八十占，有百占，有百二十占。”③ 八十占、百占、百二十占，

---

① 陆九渊：《陆九渊全集》卷一六《与章德茂书》，叶航点校，上海古籍出版社，2022，第256页。

② 李纲：《李纲全集》卷一〇六《申省乞施行籴纳晚米状》，王瑞明点校，岳麓书社，2004，第1006页。

③ 吴泳：《鹤林集》卷三九《隆兴府劝农文》，《文渊阁四库全书》第1176册，商务印书馆，1986，影印本，第383页。

应该是生长期为 80 天、100 天和 120 天的占城稻，占城稻在推广的过程中不断地被改良，不仅可以适应更多形式的土地，还可以满足不同的生长期需求。除了水稻品种不断地被改良外，其他的粮食作物，麦、粟、豆也有进一步的发展。下面将徽州的粮食作物品种进行列表：

稻：土人谓籼为小米粳为大米，其籼有大白归生、小白归生、又有红归生、桃花红、早十日、中归生、晚归生、占禾（早稻）等。粳有大栗黄（亦名硬秆栗黄）、小栗黄、芦黄。还有婺州青、叶里青、斧脑白、赤芒稻、九里香（五里香）、马头红、香肤、沙田白、寒青、糯有青秆、羊脂、白矮、牛虱糯、早归生、交秋糯、金糯、秧田糯等。

麦：大麦有早麦、中期麦、青光麦、高丽麦（高头麦）；小麦有长穬麦、白麦、赤壳麦；荞麦。

豆：大白、小白、大紫、小紫、大黑、小黑、褐豆、油绿豆、红斑沙豆、绿豆、羊角豆、龙牙豆、豌豆、秋豆、尾秋豆等。

粟：早粟、寒粟、毛粟等。①

水稻是南方的主要粮食作物，其产量和种植面积远远超过其他作物，水稻品种的丰富也是其他作物不能比拟的，在江东西路也是这样的情况，自不赘言，简单介绍一下其中的名品："芦黄"，大熟之年"往往倍收"，故又名"富不觉"；"桃花红"则"为饭香软"；"牛虱糯"，颗粒大，"价

---

① 赵不悔：《新安志》卷二《叙物产》，《宋元方志丛刊》第 8 册，中华书局，1990，第 7615—7616 页。

高于白糯”。① 麦作已经培育出 7 个品种，这在两浙地区也是不多见的，早麦和中期麦应该是按照成熟时间早晚命名的，高丽麦可能是从高丽传过来的品种，长穗麦是根据麦穗长短命名，赤谷麦应该是因为麦作是红色而得名。豆的品种达 15 种以上，其得名的依据可以分为颜色、大小等，特别是白、紫、黑系列，又按照大小进行了细分。粟的品种有 3 种以上。可见，南方主要的农作物在徽州都得到不同程度的发展，品种繁多，农民的选择余地很大，完全可以根据需求进行多种组合的复种。黄震在江西抚州劝种麦时言：“收麦在四月，种禾在五月，初不因麦迟了种禾。”②当时江西地区除了抚州，其他地区都已经种植麦作了。

江东路的圩田水利设施完备，灌溉排涝技术成熟，比较容易进行稻麦复种。叶梦得言，江东路一带“二麦收刈后，合重行耕犁，再种晚禾”③。晚稻收获后，又可种冬麦，“腰镰刈晚禾，荷锄种新麦”④。杨万里在《江东集》中描写了稻麦共景的场景：“九郡报来都雨足，插秧收麦喜村村。”⑤ “秧早不由田父懒，蚕迟端待柘阴成……平田涨绿村村麦，嫩水浮红岸岸花。”⑥

朱熹曾任南康军知军，并在当地积极推广麦作的种植，进行晚稻与

---

① 赵不悔：《新安志》卷二《叙物产》，《宋元方志丛刊》第 8 册，中华书局，1990，第 7615—7616 页。

② 黄震：《黄震全集·黄氏日抄》卷七八《咸淳八年中秋劝种麦文》，张伟、何忠礼主编，浙江大学出版社，2013，第 2223 页。

③ 叶梦得：《石林奏议》卷一一《奏措置买牛租赁与民耕种利害状》，《续修四库全书》第 474 册，上海古籍出版社，2002，第 452 页。

④ 虞俦：《尊白堂集》卷一《和姜总管喜民间种麦》，《文渊阁四库全书》第 1154 册，商务印书馆，1986，影印本，第 4 页。

⑤ 杨万里：《杨万里集笺校》卷三一《江东集·夏日杂兴》，辛更儒笺校，中华书局，2007，第 1617 页。

⑥ 杨万里：《杨万里集笺校》卷三《江湖集·三月三日雨作遣闷十绝句》，辛更儒笺校，中华书局，2007，第 176 页。

麦作的连续种植，使百姓可以在灾荒和青黄不接之时得以续食。“秋来久旱，晚田失收，兹幸得雨，可种二麦。今劝人户趁此天时，多耕阔种，接济口食。”① “如一坂百亩，只有一二十亩稍稍成熟……仍令人户一面收割，犁翻种麦。”② 曾在理宗朝三知太平州的吴渊有诗云：“桑麻被野，穲麦连云。时雨少愆，有江潮以资其灌溉；涝水或降，有湖泊以泄其滔盈。是以时少旱涝，岁多丰登。奇秧绿水，喜沾足于夏种；黄鸡白酒，争庆贺于秋成。”③ 袁州也有稻麦复种，“老牯挽犁泥没膝，剡剡青秧针水出。大麦登场小麦黄，桑柘叶大蚕满筐”④。秧田中的稻秧已经出苗，大麦成熟，小麦马上登场，麦作收割后，经过旱地编水田的整地，稻秧就可以移植到大田中了。信州上饶人韩元吉之子韩淲有诗《芒种》云：“田家一雨插秧时，成把担禾水拍泥……蚕筐阁了修秧马。”⑤ 这些诗句形象地描述了芒种时节农民忙碌的情景。徽州地区，“含风宿麦青相接，刺水柔秧绿未齐……小麦青青大麦黄”⑥。

（三）四川

四川的粮食品种主要有稻、麦、粟等。成都府路是四川盆地的平原地区，土地肥沃，自然条件良好，当地百姓勤于耕种：“方春耕将作兴……四月草生，同阡共陌之人，通力合作，耘而去之，置漏以定其期，

---

① 朱熹：《朱熹集·朱熹别集》卷九《劝谕趁时请地种麦榜》，尹波、郭齐点校，四川教育出版社，1996，第5542页。

② 朱熹：《朱熹集·朱熹别集》卷九《管下县相视约束及开三项田段》，尹波、郭齐点校，四川教育出版社，1996，第5561页

③ 吴渊：《江湖小集》卷七〇《江东道院赋》，《文渊阁四库全书》第1357册，商务印书馆，1986，影印本，第538—539页。

④ 孙觌：《鸿庆居士集》卷三《分宜道中》，《文渊阁四库全书》第1135册，商务印书馆，1986，影印本，第28页。

⑤ 韩淲：《韩淲集》卷一六《芒种》，刘云军点校，科学出版社，2022，第203页。

⑥ 方岳：《秋崖集》卷二《农谣》，《文渊阁四库全书》第1182册，商务印书馆，1986，影印本，第146页。

击鼓以为之节。怠者有罚，趋者有赏。及至盛夏，烈日如火，田水如汤，薅耨之苦尤甚，农之就功尤力，人事勤尽如此，故其熟也常倍。”① 精耕细作的耕种方式就是充分利用土地，利用各种作物的播种期和收获期的不同，进行多种形式的复种，一年四季尽量不让土地有闲暇之时，从而提高粮食产量。

南宋时期麦作在四川也普遍种植，如淳祐中（1241—1252）阳枋言：“本府地产，全仰麦粟二种，以养人民，以应军食。”②汪应辰曾说：“四川田土，无不种麦。今岁气候颇早，大麦约三月半间收获，小麦须至四月初间方熟。”③《宋史》言：“川峡四路……地狭而腴，民勤耕作，无寸土之旷，岁三四收。”④ 勤劳的人们，春天耕种，所种应是早稻，四五月间麦田里的麦作成熟了，收获后可以种水稻或粟等，早稻成熟了，水田里可以继续种晚稻，稻麦复种和稻稻复种、稻粟复种甚至麦粟复种是可以实现的。这样就可以“岁三四收”了。

（四）两广地区

麦作这时亦被推广到岭南，北宋时宋廷下诏“岭南诸县令，劝民种四种豆及黍、粟、大麦、荞麦，以备水旱”⑤。陈尧佐出任惠州知州时，“南民大率不以种艺为事，若二麦之类，盖民弗知有也。公始于南津阒

---

① 高斯得：《耻堂存稿》卷五《宁国府劝农文》，《文渊阁四库全书》第 1182 册，商务印书馆，1986，影印本，第 88 页。

② 阳枋：《字溪集》卷二《与绍庆太守论时政书》，《文渊阁四库全书》第 1183 册，商务印书馆，1986，影印本，第 278 页。

③ 汪应辰：《文定集》卷四《御札再问蜀中旱歉》，《文渊阁四库全书》第 1138 册，商务印书馆，1986，影印本，第 620 页。

④ 脱脱：《宋史》卷八九《地理志》，中华书局，1985，第 2230 页。

⑤ 徐松辑《宋会要辑稿》食货六三之一六二，刘琳、刁忠民、舒大刚等校点，上海古籍出版社，2014，第 7697 页。

地，教民种麦，是岁大获，于是惠民种麦者众矣”[①]。苏轼游历惠州香积寺间，看到：“夹道皆美田，麦禾甚茂。”[②] 岭南的连州、桂林等地也有麦类种植，吕本中在连州有诗云：“今年饱新麦，忧虑则未已。”[③]

（五）其他地区

宋孝宗乾道七年（1171年），“江淮、两浙、湖南北、京西州军今岁二麦丰熟，倍于常年，理合措置收籴大麦，桩充马料支遣”[④]。当年，朝廷大量和籴大麦，湖南“收籴大麦八万硕”[⑤]。由此可见，南宋时，湖南大麦产量虽不能称之为多，但也是湖南粮食输出的一部分。此外，其他旱地作物如粟，在湖南也有所种植。总之，宋代湖南粮食总产量得到较大提高，有余粮可供外运。《宋史》言：“湖南一路唯衡、永等数郡宜麦。”[⑥] 福建地区稻麦复种、间种以及粟、豆等其他粮食作物的种植却较普遍，如建州“高者种粟，低者种豆。有水源者乞稻，无水源者布麦”[⑦]。

稻麦在同一块土地上的复种，提高了粮食单位面积的产量，有利于粮食总产的增加。即使一块土地只能种稻或麦一季作物，一些不适合种水稻的山地，因为麦作的推广，也成了耕地，这就扩大了垦地面积。

---

① 郑侠：《西塘集》卷三《惠州太守陈文惠公祠堂记》，《文渊阁四库全书》第1117册，商务印书馆，1986，影印本，第393页。

② 苏轼：《苏轼诗集》卷三九《游博罗香积寺》，孔凡礼点校，中华书局，1982，第2112页。

③ 吕本中：《东莱诗集》卷一二《连州行衙水阁望溪西诸山》，《文渊阁四库全书》第1136册，商务印书馆，1986，影印本，第767页。

④ 徐松辑《宋会要辑稿》食货四一之九，刘琳、刁忠民、舒大刚等校点，上海古籍出版社，2014，第6913页。

⑤ 徐松辑《宋会要辑稿》食货四〇之五二，刘琳、刁忠民、舒大刚等校点，上海古籍出版社，2014，第6905页。

⑥ 脱脱：《宋史》卷一七三《食货志》，中华书局，1985，第4176页。

⑦ 韩元吉：《南涧甲乙稿》卷一八《建宁府劝农文》，刘云军点校，中国社会科学出版社，2022，第336页。

四、从《全唐诗》和《全宋诗》看麦作种植区域的扩大

据笔者不完全统计，《全唐诗》中记载麦类作物的古诗有 210 余首，而《全宋诗》中则为 2630 余首，数量大为增加。现将这些古诗中涉及的地点进行统计对比。

表 1-2 《全唐诗》中涉麦诗地点统计表

区域	地点	诗句	卷数
北方（15 个地点、16 首诗）	洛阳	洛下麦秋月	卷 462
	南阳	南阳郭门外	卷 341
	睢阳	秋风麦穗黄	卷 197
	相州	邺中秋麦秀	卷 86
	秦地	麦场高处望云开	卷 471
	秦地	一顷麦苗硕伍米	卷 732
	杜陵	麦苗不秀多黄死	卷 427
	盩厔县	小麦覆陇黄	卷 424
	玄都观	唯兔葵燕麦动摇于春风耳	卷 365
	沣水	麦秋中夏凉风起	卷 249
	关中	麦芒如彗黍和粟	卷 22
	秦川路	麦垄青青断人目	卷 86
	渭川	雉雊麦苗秀	卷 125
	西北	要见麦，见三白	卷 880
	崆峒	崆峒小麦熟	卷 216
	凉州	凉州白麦枯	卷 224
南方（10 个地点、11 首诗）	南昌	畲余宿麦黄山腹	卷 415
	四川	寒食离家麦熟还	卷 301
	梁州	芃芃麦苗长	卷 198
	荆州	荆州麦熟茧成蛾	卷 163

续表

区域	地点	诗句	卷数
	道州、永州、邵州附近湖南	将家就鱼麦	卷 241
	岳麓	岳麓云深麦雨秋	卷 646
	湘	麦秋梅雨过湘阴	卷 676
	宣城	宣城酒熟花覆桥	卷 21
	宣城	温风吹宿麦	卷 26
	楚地	楚俗不爱力……年年四五月，茧实麦小秋	卷 398
	江东	麦秋梅雨遍江东	卷 658

表 1-3　《全宋诗》中涉麦诗地点统计表

区域	地点	诗句	卷数
北方（35 个地点、50 首诗）	洛阳	测麦晴将秀	卷 291
	淮阳	淮阳冰绽柳条新……谷雨轻笼锄麦人	卷 63
	商州	九秋飞雪麦禾灾	卷 65
	南阳	南阳风俗常苦耕……二麦无望愁编氓	卷 165
	安阳	种麦未生遭土涝	卷 335
	汝南	贫家望一麦	卷 867
	南阳	春禾磨麦非平生	卷 869
	颍川	麦生置不视，麦热为一来	卷 868
	颍川	近闻颍川有瀑布……今年麦熟春雨足	卷 1352
	新安	秧针刺水麦锋齐	卷 2051
	归德府	连阡粟麦滩河道	卷 2089
	西京	陇麦逢春秀	卷 480
	新密	大水无麦禾	卷 475
	京东	麦穗含风秀满由	卷 293

续表 1

区域	地点	诗句	卷数
	京东	京东地平夷……饱暖遍牟麦	卷 924
	河东	但见古河东，莜麦花铺雪	卷 800
	瀛洲	且忍饥肠待新麦	卷 1396
	东州	陇上雨余看麦秀	卷 460
	齐鲁	麦秋载万箱	卷 864
	山东	山东麦饭藜羹客	卷 1073
	华山	苘麦倍收连苜蓿	卷 1863
	遥城	层霭冒遥城……幸无漂麦虑	卷 191
	晋	晋地素瘠埆……二麦将不芽	卷 661
	中原	芃芃中原麦	卷 1158
	陕西	病麦还青禾出土	卷 715
	黄河西行	桑柘如云麦禾熟	卷 863
	秦	大麦黄满田	卷 351
	秦	明年麦定好	卷 453
	陕	菽麦不逾陕	卷 387
	关辅	来岁饱辫麦	卷 588
	渭水	但得来年春麦熟	卷 833
	长安	麻叶梢梢麦弄风	卷 836
	长安	麦蛾禾耳不足忧	卷 1163
	长安	尤怜麦盖锦	卷 1809
	中都	粟麦兮中都之饷馈	卷 402
	秦川	思共肩舆看麦田	卷 850
	秦川	山平堪种麦	卷 850
	秦川	桑林垅麦依稀是	卷 1068
	渭南	晴云烘路麦初秋	卷 2097
	山阳	麦垄藏烟绀颖敷	卷 657

续表 2

区域	地点	诗句	卷数
	山阳	麦上蝴蝶飞	卷 1609
	凉州	此去凉州皆白麦	卷 605
	桐川	麦垄雨初匀	卷 1966
	崆峒	吟堪小麦熟崆峒	卷 2454
	崆峒	熏风催熟崆峒麦	卷 2988
	崆峒	黄云催熟崆峒麦	卷 2991
	崆峒	崆峒麦熟无人刈	卷 3063
	崆峒	闻说崆峒方麦熟	卷 3068
	崆峒	正好王师出，崆峒麦熟时	卷 3597
	崆峒	崆峒麦熟关时事	卷 3369
南方（42 个地点、67 首诗）	庐陵	会取山前麦熟	卷 11
	庐陵	山前麦熟未	卷 1276
	江西	麦垄疏毛白少年	卷 658
	寿安	麦莽莽兮不出块	卷 1157
	庐山	大麦结穗牛尾长，小麦满地秋云黄。清涟堂前今日雨，中有庐山汤饼香	卷 1530
	江西镇	麦畦水涨黄云重	卷 1645
	江西	金波影里麦秋寒	卷 1945
	临汝	应从临汝江边过	卷 2071
	鄱阳	明年麰麦登	卷 2123
	江西	但愿年年逢麦秋	卷 2679
	徐州	雨足谁言春麦短……急扫风轩炊麦饭	卷 799
	徐州	徐州麦饭足可饱	卷 3709
	南京	前年过南京，麦老樱桃熟。今来旧游处，樱麦半黄绿	卷 801
	扬州	陂麦青青嘶乱马	卷 3667

续表 3

区域	地点	诗句	卷数
	蜀	麦垄连云树绕天	卷 223
	四川	渐渐过陇麦	卷 606
	四川	堂东更种连坡麦	卷 719
	嘉陵	麦人面出无虚人	卷 447
	成都	燕麦兔葵僧舍里	卷 1869
	夔州	为瑞不嫌多，年丰最宜麦	卷 2036
	蜀	积雨成愁麦不支	卷 2167
	夔州	夔州麦大熟	卷 2611
	蜀	只今麦垄收	卷 2574
	江南	江南青垄麦休肥	卷 255
	江南	荞麦花开如雪铺	卷 3399
	江南	江南葬母麦满舟	卷 3599
	越州	俸麦一车开德济	卷 599
	西湖	喜与麸麦为丰年	卷 453
	浦	烟雨冥冥小麦秋	卷 716
	剡中	豆角尝新小麦秀	卷 1537
	洞庭湖	麦麻漫沃衍	卷 1871
	海宁县	麦浪降风翠拍天	卷 2651
	开化县	他时蚕麦倍丰成	卷 2675
	浙江	只今宿麦无人种	卷 2464
	会稽	蚕老麦黄三月天	卷 3747
	江淮	牟麦焦枯但黄土	卷 1553
	江淮	泥深麦苗春始肥	卷 283
	龙舒	摇风麦初齐	卷 1809
	淮南	却虑麦秋欠沾足	卷 318
	淮南	春尽淮南麦秀寒	卷 911

续表 4

区域	地点	诗句	卷数
	淮颍	今年雨足种麦多	卷 1163
	淮南	旱岁仍无麦	卷 2431
	淮南	麦秀淮南迤逦青	卷 2841
	淮南	指望淮南大麦熟	卷 2848
	淮南	淮南四月蚕麦熟	卷 3081
	龙阳	菽麦乔穈而已矣	卷 780
	襄阳	里人种麦满高原	卷 849
	湘山	湘山今见麦为春	卷 1191
	湘山	明年麦秋歌岁丰	卷 1331
	湘山	湘山宜可老	卷 1331
	衡湘	连连麻麦墟	卷 1871
	衡山	今年饱新麦	卷 1616
	汉南	汉南食麦如食玉	卷 1002
	楚	楚人种麦满河淤	卷 798
	楚	田冻未生麦	卷 849
	楚	耕田种麦畏狼虎	卷 849
	江城	麦熟梅子黄	卷 1807
	蕲州	爰采麦矣岷之阳，麦秀蕲兮登我场	卷 2941
	泉城	泉城欲治麦禾困	卷 868
	闽	饱看麦秋丹荔子	卷 1517
	闽	五月麦秋闽岭寒	卷 1520
	闽	禾稻未获先麦秋	卷 1784
	兴化府	小麦青青大麦黄	卷 1828
	惠安县	陇麦低头须雨意	卷 2675
	临江	临江麦垄烟云翠	卷 745
	龙川	年年种麦禾	卷 871
	封州	麦秋无青黄	卷 1697

从表1-2和表1-3的对比来看，宋代种麦区域明显多于唐代，麦作在北方持续发展，而在南方地区出现了唐时涉及较少或没有涉及的区域，例如江淮地区，“东望洞庭湖……麦麻漫沃衍”①，“麦秀淮南迤逦青”②。福建地区，“五月麦秋闽岭寒”③，“吾闽目前岂不乐，禾稻未获先麦秋”④。两广地区，“惟兹封州郡……麦秋无青黄”⑤。曾长期生活在浙东绍兴府山阴县农村的陆游，留下了许多描写当地人们生活的诗句，根据这些诗句，包伟民认为：“在陆游的乡村世界，麦类作物是仅次于水稻的粮食作物，其种植已经相当普遍。”⑥ 可见，唐宋时期，麦类作物的种植区域经历了一个以北方为主到全域发展的过程。

第三节 个案研究——南宋时麦作在淮南的推广

淮南处于南北交接地区，自然环境与北方最为相似，唐至北宋时期这里是重要的粮食产地。作为宋金战场，南宋时期这一地区的农业遭到极大破坏，为恢复生产政府采取积极措施，麦作得以继续推广。

---

① 北大古文献研究所编《全宋诗》卷一八七一《胡寅・登南纪楼》，北京大学出版社，1998，第20 934页。

② 北大古文献研究所编《全宋诗》卷二八四一《赵师秀・多景楼晚望》，北京大学出版社，1998，第33 854页。

③ 北大古文献研究所编《全宋诗》卷一五二〇《周紫芝・和张元明食生荔子》，北京大学出版社，1998，第17 196页。

④ 北大古文献研究所编《全宋诗》卷一七八四《张元干・赠庆绍上人》，北京大学出版社，1998，第19 899页。

⑤ 北大古文献研究所编《全宋诗》卷一六九七《郑刚中・风俗》，北京大学出版社，1998，第19 127页。

⑥ 包伟民：《陆游的乡村世界》，社会科学文献出版社，2020，第87页。

一、淮南的自然条件

淮南路自然条件优越，以平原为主，水源充足："淮地自昔号财赋渊薮，西有铁冶，东富鱼稻，足以自给。淮右多山，淮左多水，足以自固。"① "大抵淮东之地沮泽多而丘陵少，淮西山泽相半。"② "淮东其地平博膏腴，有陂泽水泉之利。"③ 北宋时期农业发达，成为仅次于两浙的粮食供应地。南宋时期特别是绍兴和议之前的十多年，这一地区战火不断，农业惨遭破坏，葛金芳认为南宋中叶淮南路的耕地面积较之北宋减少了40%，人口流失达68%。④

战争的残酷性不言而喻，冷兵器时代的战争对农业的破坏主要体现在减少人口，破坏农具和水利设施，践踏庄稼等。但是战争对土地的质量破坏不大，即土地依旧肥沃。北宋时期淮南路之所以能成为重要的产粮区，除了淮人的辛苦劳作，土地的肥沃也起到至关重要的作用。而南宋时淮南土地仍旧肥沃，绍兴三年（1133年）九月壬戌，知建康府吕祉建议在淮南屯田时，言："沿江诸处，沃野连壤。"⑤ 绍兴二十年（1150年）夏四月，知庐州吴逵言："两淮之间，平原沃壤，土皆膏腴，宜谷易垦，稍施夫力，岁则有收。"⑥ 吕颐浩言："淮南天下沃壤……于三月间多种早禾。六七月间成熟，可济艰食，比至防秋。"⑦ 肥沃的土地即使是

---

① 脱脱：《宋史》卷四〇八《汪纲传》，中华书局，1985，第12 306页。

② 薛季宣：《浪语集》卷二四《与郑景望一》，《宋集珍本丛刊》第61册，线装书局，2004，影印本，第351页。

③ 脱脱：《宋史》卷四〇一《刘爚传》，中华书局，1985，第12 171页。

④ 葛金芳：《南宋全史（五）·社会经济与对外贸易》，上海古籍出版社，2012，第277页。

⑤ 李心传：《建炎以来系年要录》卷六八，绍兴三年九月壬戌，中华书局，1988，第1150页。

⑥ 李心传：《建炎以来系年要录》卷一六一，绍兴二十年夏四月癸酉，中华书局，1988，第2611页。

⑦ 李心传：《建炎以来系年要录》卷八七，绍兴五年八月癸卯，中华书局，1988，第1451页。

粗放经营，也容易收获。三月种，六七月就可以收获。叶适也曾赞美两淮肥沃的土地："淮濒，美土也。其水清，其鱼肥，其种易熟，其熟不独饱，东南之地不能及，非塞外沙碛比也，民所乐耕而愿守也。"① 说明淮南地区土地肥沃，种子容易成熟，这种良好的自然条件甚至超越了农业发达的东南地区。

二、政府举措

宋金交战之后的淮南，"田多旷土"② "荒弃田畴"③ "荒田甚多"④ "例多荒弃"⑤ "不耕之田，千里相望"⑥。唯物辩证法告诉我们，事物具有两面性。战争破坏了农业生产，产生大量荒田，但恰恰是这些荒田吸引了大量外地人口的到来。赵汝愚认为正是因为淮南"地广人稀，尚多旷土"⑦，人地矛盾尖锐的江浙灾民才纷纷迁入淮南谋生。封建社会时期，当生产工具和生产方式没有革命性变化时，劳动人口的数量往往对农业的发展起着重要作用。

面对荒田众多的淮南，宋廷通过各种优惠政策招诱诸色人等到淮南垦田。绍兴二年（1132 年）三月，朝廷下诏："昨招诱淮东八郡人户佃

---

① 叶适：《叶适集》卷一六《后总》，刘公纯、王孝鱼、李哲夫点校，中华书局，2010，第 847 页。

② 徐松辑《宋会要辑稿》食货一二之五，刘琳、刁忠民、舒大刚等校点，上海古籍出版社，2014，第 6232 页。

③ 徐松辑《宋会要辑稿》食货六三之一〇，刘琳、刁忠民、舒大刚等校点，上海古籍出版社，2014，第 7603 页。

④ 徐松辑《宋会要辑稿》食货六三之一三三，刘琳、刁忠民、舒大刚等校点，上海古籍出版社，2014，第 7682 页。

⑤ 徐松辑《宋会要辑稿》食货六一之八七，刘琳、刁忠民、舒大刚等校点，上海古籍出版社，2014，第 7494 页。

⑥ 李心传：《建炎以来系年要录》卷四〇，建炎四年十二月丁酉，中华书局，1988，第 749 页。

⑦ 黄淮、杨士奇：《历代名臣奏议》卷二四七《荒政》，上海古籍出版社，1989，第 3243 页。

田，并免二年税租。”[①] 绍兴二十九年（1159 年），淮东运副魏安行建议：“淮东州县，闲田甚多，今欲劝诱民户，增广力田。”[②] 绍兴三十二年（1162 年），“募民耕淮东荒田，蠲其徭役及租税七年”[③]。庆元元年（1195 年），“诏两淮诸州劝民垦辟荒田”[④]。庆元四年（1198 年），淮西安丰军“令逐处州县各籍其荒田，措置劝诱，召人开荒耕垦”[⑤]。

淮南地区的劳动力除了淮南当地人，还有南迁的北方人、人稠地狭地区的南方人、在职及裁汰军人、外逃的淮南人等。两宋之交的李纲建议召人垦田时言：“以招纳京东西、河北流移之民，拨田土，给牛具，贷种粮，使之耕凿。许江、湖诸路于地狭人稠地分自行招诱，而军中人兵愿耕者听。”[⑥] 这段史料提到垦田人户的三个来源：京东西、河北路流民，江、湖诸路狭之农民，军兵自愿请佃者。下边将分别叙述：

（1）京东西、河北路流民可以代表因战乱南迁的北方人。

这种南迁贯穿了南宋政权统治时期的 150 多年，根据吴松弟的研究，大概有 500 万之多，而两淮则是北方移民分布的密集区域。[⑦] 绍兴七年（1137 年），知庐州刘锜亦上奏曰：“淮北归正者不绝，度今岁可得四五万”[⑧]，而“中原士庶……多有挈老少来江南，兼郦琼叛兵复有回归者，

① 徐松辑《宋会要辑稿》食货六三之一九七，刘琳、刁忠民、舒大刚等校点，上海古籍出版社，2014，第 7717 页。

② 徐松辑《宋会要辑稿》食货六之一六，刘琳、刁忠民、舒大刚等校点，上海古籍出版社，2014，第 6094 页。

③ 脱脱：《宋史》卷三二《宋高宗本纪》，中华书局，1985，第 610 页。

④ 脱脱：《宋史》卷三七《宋宁宗本纪》，中华书局，1985，第 718 页。

⑤ 徐松辑《宋会要辑稿》食货六之三〇，刘琳、刁忠民、舒大刚等校点，上海古籍出版社，2014，第 6102 页。

⑥ 佚名：《宋史全文》卷一九下《宋高宗九》，汪圣铎点校，中华书局，2016，第 1453 页。

⑦ 吴松弟：《南宋人口史》，上海古籍出版社，2008，第 141 页。

⑧ 脱脱：《宋史》卷三六〇《赵鼎传》，中华书局，1985，第 11 292 页。

沿淮诸州皆招纳，应接之不暇矣”①。绍兴三十二年（1162年），淮西右迪功郎庐仲贤招谕到归正“愿就屯田人一万七百五十二人”② 安排在濠州境内。乾道八年（1172年）三月，徐子寅在楚州安置一千五百八十名归正人。③

（2）江、湖诸路之农民，代表着江浙、福建等人稠地狭地区的南方人。

绍兴十八年（1148年），“江南猾民”在安丰军六安县“冒佃荒田辄数千亩”。④ 绍兴中（1131—1162），知舒州汪少卿为流民建屋、贷粮种、给耕牛，“江浙流民多至者”⑤。绍兴和议之后，淮民安居乐业，粮食丰收，“福建号为乐区，负戴而之者，谓之“‘反淮南’”⑥。乾道六年（1170年）闰五月，宋廷为江东路“愿往淮西耕田之人”⑦ 提供路费。乾道七年（1171年）奉命出使淮南的薛季宣向朝廷报告：“江南转徙人户来淮甸者，东极温、台，南尽福建，西达赣、吉，往往有之。”⑧ 淳熙七

① 徐梦莘：《三朝北盟会编》卷一八三，绍兴八年正月十四日辛丑，上海古籍出版社，1987，第1325页。

② 李心传：《建炎以来系年要录》卷一九八，绍兴三十二年三月戊申，中华书局，1988，第3345页。

③ 徐松辑《宋会要辑稿》食货六之二一，刘琳、刁忠民、舒大刚等校点，上海古籍出版社，2014，第6097页。

④ 周必大：《周必大全集·文忠集》卷七七《朝议大夫赐紫金鱼袋王君镇墓碣》，王蓉贵、［日］白井顺点校，四川大学出版社，2017，第700页。

⑤ 赵不悔：《新安志》卷七《汪少卿》，《宋元方志丛刊》第8册，中华书局，1990，第7708页。

⑥ 叶绍翁：《四朝闻见录》戊集《淮民浆枣》，冯惠民、沈锡麟点校，中华书局，1989，第197页。

⑦ 徐松辑《宋会要辑稿》食货一之四五，刘琳、刁忠民、舒大刚等校点，上海古籍出版社，2014，第5977页。

⑧ 薛季宣：《浪语集》卷一六《奉使淮西回上殿札子一》，《宋集珍本丛刊》第61册，线装书局，2004，影印本，第266页。

年（1180 年），江州和兴国军（湖北阳新）大旱，“流移之民，多过两淮”①。绍熙中（1190—1194）卫泾言，经过高宗和孝宗的经营，土地饶沃的淮南“谷粟登成……淮民富实，家多盖藏，闽粤江浙之民往往有徙而附之者”②。

相较于一家一户的耕种，土豪大姓有能力耕种更多土地，也许正是基于这种优势，宋廷积极招募他们到淮南垦荒。绍兴二十年（1150 年）庐州知州吴逵提出建议：“两淮之间，平原沃壤，土皆膏腴，宜谷易垦……今欲江、浙、福建委监司守臣，劝诱土豪大户，赴淮南从便开垦。”③ 乾道九年（1173 年）正月十八日，资政殿学士新知扬州王之奇建言，劝谕“土豪户拣汰离军及诸色人”④ 开垦荒田。

乾道七年（1171 年）六月三十日，新除淮南运判向士违言两淮田亩荒芜愿耕之民多非土著。⑤ 王之道上奏也认为：“自经兵火，江北之民，十不存一。绍兴以来，生养蕃息，而杂以江、浙等处流徙之人，通计十有三四。”⑥

（3）军人也是重要的劳动力。

建炎二年（1128 年），知江州韩肖胄曾建言：“中原未复，所恃长江之险，淮南实为屏蔽。沃野千里，近多荒废，若广修农事，则转饷可省，

① 徐松辑《宋会要辑稿》食货六九之六五，刘琳、刁忠民、舒大刚等校点，上海古籍出版社，2014，第 8081 页。

② 黄淮、杨士奇：《历代名臣奏议》卷一〇九《仁民》，上海古籍出版社，1989，第 1460 页。

③ 李心传：《建炎以来系年要录》卷一六一，绍兴二十年四月癸酉，中华书局，1988，第 2611 页。

④ 徐松辑《宋会要辑稿》食货六之二三，刘琳、刁忠民、舒大刚等校点，上海古籍出版社，2014，第 6098 页。

⑤ 徐松辑《宋会要辑稿》食货六之二〇，刘琳、刁忠民、舒大刚等校点，上海古籍出版社，2014，第 6096 页。

⑥ 黄淮、杨士奇：《历代名臣奏议》卷二二二《兵制》，上海古籍出版社，1989，第 2925 页。

兵食可足。自是置局建康，行屯田于江淮。”[①] 绍兴初，陈规为安陆汉阳军镇抚使，以境内官旧荒地设立屯田。

绍兴六年（1136 年），江淮屯、营田岁各收约七十四万石[②]。韩世忠在淮南地区行屯田之事，十余年的时间，依靠屯驻在此的三万余兵士开垦荒田。等到高宗收韩世忠兵权时，已经积“米九十万石”[③]。屯田所入除了应对驻军军粮开支，还有大量盈余。从绍兴六年（1136 年）的屯、营田岁入和韩世忠所率军队的屯田收入，可知淮南地区屯田、营田初始阶段效益颇佳。

宋廷还积极引导裁汰下来的军人到淮南垦田。绍兴十七年（1147 年），准许“军中拣退人耕江、淮、京西官逃田以自赡”。[④] 绍兴二十六年（1156 年），命离军人愿归农者，人给“江、淮、湖、广荒田百亩”。[⑤] 绍兴二十七年（1157 年），朝廷支拨淮东路等处荒田给军中拣汰人耕种。[⑥]

因战乱逃离的淮南人，在政府感召下也纷纷归业。绍兴四年（1134 年），淮南转运司言：“本路州县才方招诱，渐有归业人户。”[⑦]绍兴三十年（1160 年），知庐州刘纲建言每至岁终即行根括土地，以应对归复本

---

① 脱脱：《宋史》卷三七九《韩肖胄传》，中华书局，1985，第 11 690 页。

② 徐松辑《宋会要辑稿》食货三之一二，刘琳、刁忠民、舒大刚等校点，上海古籍出版社，2014，第 6017 页。

③ 脱脱：《宋史》卷三六四《韩世忠传》，中华书局，1985，第 11 367 页。

④ 李心传：《建炎以来系年要录》卷一五六，绍兴十七年五月辛未，中华书局，1988，第 2532 页。

⑤ 脱脱：《宋史》卷三一《高宗本纪》，中华书局，1985，第 586—587 页。

⑥ 徐松辑《宋会要辑稿》食货一之三八，刘琳、刁忠民、舒大刚等校点，上海古籍出版社，2014，第 5970 页。

⑦ 徐松辑《宋会要辑稿》食货一一之一六，刘琳、刁忠民、舒大刚等校点，上海古籍出版社，2014，第 6219 页。

业者“请佃田土”的请求。[①] 乾道八年（1172 年）正月二十一日，淮东提举措置两淮官田徐子寅言：“近来民渐归业。”[②]

笔者根据《宋会要辑稿 · 食货》中的记载以及吴松弟的研究，将绍兴三十二年（1162 年）至至元二十七年（1290 年）之间的淮南户数统计如下：

表 1-4　绍兴三十二年（1162 年）至至元二十七年（1290 年）之间淮南户数统计表

时间	淮东	淮西	合计
宋孝宗隆兴元年（1163 年）	101 548	96 165	197 713
宋孝宗隆兴二年（1164 年）	111 759	96 654	208 413
宋孝宗乾道元年（1165 年）	104 468	106 638	211 106
宋孝宗乾道三年（1167 年）	101 548	52 415	153 963
宋孝宗乾道四年（1168 年）	111 757	106 638	218 395
宋孝宗乾道五年（1169 年）	112 119	126 270	238 389
宋孝宗乾道六年（1170 年）	100 953	125 330	226 283
宋孝宗乾道七年（1171 年）	126 260	100 070	226 330
宋孝宗乾道八年（1172 年）	102 820	125 940	228 760
宋孝宗乾道九年（1173 年）	104 468	126 811	231 279
宋宁宗嘉定十六年（1223 年）	127 369	218 250	345 619[③]
元世祖至元二十七年（1290 年）			526 769[④]

① 徐松辑《宋会要辑稿》食货一之四一，刘琳、刁忠民、舒大刚等校点，上海古籍出版社，2014，第 5972 页。

② 徐松辑《宋会要辑稿》食货六之二一，刘琳、刁忠民、舒大刚等校点，上海古籍出版社，2014，第 6097 页。

③ 吴松弟：《南宋人口史》，上海古籍出版社，2008，第 183 页。

④ 吴松弟：《南宋人口史》，上海古籍出版社，2008，第 183 页。

由表1-4可以看出：从隆兴元年（1163年）至嘉定十六年（1223年），60年间两淮的户数在20万上下浮动，其中乾道三年（1167年）人数最少，为15万以上；从乾道六年（1170年）开始，户数在持续增长，嘉定十六年（1223年）达34万以上，到元朝至元二十七年（1290年）达到52万以上。

绍兴和议至端平元年（1234年）宋蒙开战，两淮地区经历了隆兴、开禧两次战争，但战争规模不大，时间较短，除去这两次战争，这一地区有近90年的和平。

肥沃的土地，渴望耕地的民户，和平的环境，都为淮南农业的恢复和发展提供了有利条件。绍兴十七年（1147年），濠州知州李观民认为绍兴合议之后"（宋金）修讲邻好，力偃戎兵，而民免于涂炭者，七年于兹，频岁有秋，人皆乐业"①。和平时期农业丰收，淮人安居乐业。绍兴二十一年（1151年），淮南地区"近年田野加辟，年谷屡登"②，于是朝堂上响起对淮南起征两税的呼声，"淮南复业之民……未可据理租赋，起上供"③。可见淮南满目疮痍的状况已经有所改善。绍兴二十六年（1156年）三月十六日，权发遣光州鲁惇看到淮南多年丰收，街市小民虽然受到宋廷各种科扰，依然"顾恋米麦稍贱，不肯他之"④。史料中还记载说，"上优假淮民，自休兵至今（绍兴三十年），未尝起税也"⑤。

---

① 李心传：《建炎以来系年要录》卷一五六，绍兴十七年七月乙酉，中华书局，1988，第2536页。

② 李心传：《建炎以来系年要录》卷一六二，绍兴二十一年五月甲戌，中华书局，1988，第2638页。

③ 李心传：《建炎以来系年要录》卷一六二，绍兴二十一年正月癸未，中华书局，1988，第2627页。

④ 徐松辑《宋会要辑稿》食货一二之六，刘琳、刁忠民、舒大刚等校点，上海古籍出版社，2014，第6232页。

⑤ 李心传：《建炎以来系年要录》卷一八四，绍兴三十年乙卯，中华书局，1988，第3084页。

葛金芳估算南宋中叶，两淮的耕地面积为 110 987 131 亩，粮食总产量为 166 480 696 石[①]，仅次于两浙路和江南东西路。而南宋时期粮食输出较多的广西的耕地面积为 228 348 亩，粮食总产量为 182 678 石，与两淮相差巨大。[②] 这从一个侧面反映出，南宋两淮农业还是得到了一定程度的恢复。

三、麦作在淮南的种植

淮南与北方自然地理环境较为相似，加之宋廷的大力推广，麦作在淮南得到广泛种植，王曾瑜认为宋代淮南的粮食作物以稻麦为主。[③] 绍兴三十二年（1162 年），两淮麦作成熟，五月六日宋廷下诏令淮南转运司置场和籴，“每路各五万石，于近里州军桩管，听候朝廷指挥”[④]。在淮南东、西路和籴 10 万石。南宋中后期的戴复古有诗句云：“我闻淮南麦最多。”[⑤] 乾道六年（1170 年）五月八日，淮南路转运判官胡昉言：“本路二麦苗稼丰茂，倍如常年，向去收成必广。”[⑥] 乾道七年（1171 年），为考核当地官员劝种麦的成绩，宋廷对淮南所种麦地亩数进行了核实。淮东的六州两军（真州、扬州、通州、泰州、楚州、滁州、高邮军、盱眙军），“人户所种麦田，除先种二千五百八十七顷一十八亩外，续劝

---

① 葛金芳：《南宋全史（五）·社会经济与对外贸易》，上海古籍出版社，2012，第 277 页。

② 葛金芳：《南宋全史（五）·社会经济与对外贸易》，上海古籍出版社，2012，第 277 页。

③ 王曾瑜：《宋元时代的淮南经济述略》，《纤微编》，河北大学出版社，2011，第 182 页。

④ 徐松辑《宋会要辑稿》食货四〇之三四，刘琳、刁忠民、舒大刚等校点，上海古籍出版社，2014，第 6895 页。

⑤ 戴复古：《戴复古诗集》卷一《刈麦行》，金芝山点校，浙江古籍出版社，2012，第 27 页。

⑥ 徐松辑《宋会要辑稿》食货四〇之四九，刘琳、刁忠民、舒大刚等校点，上海古籍出版社，2014，第 6903 页。

谕增种二百九十六顷五十亩有奇”①。知庐州赵善俊核实到庐、和、濠、舒州、无为、安丰军乾道五年（1169 年）、六年（1170 年）所种二麦田亩数目。② 可见这些地区已经连续多年劝谕种麦。随后淮西差军器监主簿张权复核淮西麦田数，言：“（濠州）定远、钟离两县于元数外增种过二百七十顷。”③ 两个县就增种了 270 顷，于是虞允文认为：“淮西所种必广矣。”④ 淳熙八年（1181 年），内侍赐北使宴，从淮南回朝，上报路上所见，言：“麦正阙雨，先得一雨，后得三尺雪。”⑤ 得知淮南麦作可能丰收的消息，孝宗非常高兴。绍熙元年（1190 年）十二月，知和州刘炜将屯田所收二麦用来“桩充修葺斗门、堰闸等”⑥。

淮南农民已经掌握冬麦与晚稻在同一块土地上的复种技术，绍兴九年（1139 年）四五月间，江东安抚使叶梦得在向朝廷汇报淮西牛疫后的耕种情况时言：“唯有二麦收刈后，合重行耕犁，再种晚禾，今已将毕，约至六月终周遍。”⑦ 二麦收获后，重新整地，种上晚稻，两茬庄稼在同一块地上一收一种正好衔接，可以充分利用地力，不误农时。绍兴二十年（1150 年）知庐州吴逵在建议官田只收稻租时言：“土豪大姓、诸色

---

① 徐松辑《宋会要辑稿》食货六三之二一八，刘琳、刁忠民、舒大刚等校点，上海古籍出版社，2014，第 7728 页。

② 徐松辑《宋会要辑稿》食货六三之二一八，刘琳、刁忠民、舒大刚等校点，上海古籍出版社，2014，第 7728 页。

③ 徐松辑《宋会要辑稿》食货一之四六，刘琳、刁忠民、舒大刚等校点，上海古籍出版社，2014，第 5977 页。

④ 徐松辑《宋会要辑稿》食货六三之二一八，刘琳、刁忠民、舒大刚等校点，上海古籍出版社，2014，第 7728—7729 页。

⑤ 佚名：《皇宋中兴两朝圣政辑校》卷五九《孝宗皇帝十九》，孔学辑校，中华书局，2019，第 1347 页。

⑥ 徐松辑《宋会要辑稿》食货六三之六二，刘琳、刁忠民、舒大刚等校点，上海古籍出版社，2014，第 7646 页。

⑦ 叶梦得：《石林奏议》卷一一《奏措置买牛租赁与民耕种利害状》，《续修四库全书》第 474 册，上海古籍出版社，2002，第 452 页。

人就耕淮南，开垦荒闲田地归官庄者，岁收谷、麦两熟，欲只理一熟。如稻田又种麦，仍只理稻，其麦佃户得收。”[①] 可见稻麦二熟在庐州已经是比较成熟的耕种制度。淳熙十年（1183 年），建康府都统制郭刚记载了淮西屯田所用粮种：“合用种子：内稻每一亩用一斗五升，大麦每一亩用一斗二升，小麦每一亩用一斗一升。”[②]方健认为“两淮官田多已推广复种制度”[③]。

麦作在淮南的广泛种植，为国家和民众提供了更多的粮食，有利于满足国家经济和军事需求，维护社会稳定。

---

① 徐松辑《宋会要辑稿》食货六三之一一七，刘琳、刁忠民、舒大刚等校点，上海古籍出版社，2014，第 7673 页。

② 徐松辑《宋会要辑稿》食货六三之五三，刘琳、刁忠民、舒大刚等校点，上海古籍出版社，2014，第 7641 页。

③ 方健：《南宋农业史》，人民出版社，2010，第 442 页。

第二章　麦作食用方式的演变

麦作的食用方式经历了从粒食到面食的历程，作为一种外来的农业作物，其食用方式一开始采用了和我国粟、稻一样的粒食方式，但口感较差。磨可以将麦作制成面粉，且面粉具有较强的可塑性，通过蒸、煮、炸等方式，可以制成各种美味可口的食物。

第一节　粒食

自上古时期开始，中国就形成了粒食传统。谷物要经过脱粒、去壳、壳粒分离三道工序：先要在木板、石块上摔打谷穗以脱粒；其次要在石制容器内锤磨，以脱去谷壳；然后以风力细网等使谷粒和外壳分开。经过这些劳动加工，谷物才能变成粮食。

在人类社会最初进入农业社会时，这些技术代表了文明程度和社会进步，对人类个体生命的延续提供了稳定的保障。“立君所以牧民，民生在于粒食，是君之所重。”① “原农皇之攸始，讨厥播之云初。肇变腥以粒食，乃人命之所储。”② 这个伟大的进步，后人因而奉后稷、神农为

① 阮元：《十三经注疏·尚书正义》卷三《舜典》，中华书局，2009，第273页。

② 姚思廉：《梁书》卷一三《沈约传》，中华书局，1973，第239页。

神："周自后稷播种百谷，黎民阻饥，兹时乃粒，自传于此名也。"[①] "圣人者立，然后知宫居而粒食。"[②]

相对于茹毛饮血的"蛮夷""戎狄"，"粒食者"代表了优越的先进文明。《礼记》记载："西方曰戎被发衣皮，有不粒食者矣。北方曰狄，衣羽毛穴居，有不粒食者矣。"[③] "高车诸部望军而降者数十万落，获马牛羊亦百余万，皆徙置漠南千里之地。乘高车，逐水草，畜牧蕃息，数年之后，渐知粒食，岁致献贡。"[④] 《左传・成公十年》里记载了这样一个在医学史上广为人知的故事：

> 晋侯梦大厉，被发及地，搏膺而踊，曰："杀余孙，不义。余得请于帝矣!"坏大门及寝门而入。公惧，入于室。又坏户。公觉，召桑田巫。巫言如梦。公曰："何如?"曰："不食新矣。"公疾病，求医于秦。秦伯使医缓为之。未至，公梦疾为二竖子，曰："彼良医也。惧伤我，焉逃之?"其一曰："居肓之上，膏之下，若我何?"医至，曰："疾不可为也。在肓之上，膏之下；攻之不可，达之不及，药不至焉，不可为也。"……六月丙午，晋侯欲麦，使甸人献麦，馈人为之。召桑田巫，示而杀之。将食，张，如厕，陷而卒。小臣有晨梦负公以登天，及日中，负晋侯出诸厕。遂以为殉。[⑤]

"欲"作为能愿动词，当它后面加名词时，这个名词一般活用作动

---

① 阮元：《十三经注疏・毛诗正义・诗谱序》，中华书局，2009，第555页。

② 韩愈：《韩愈文集汇校笺注》卷一〇《送浮屠文畅师序》，刘真伦、岳珍校注，中华书局，2010，第1074页。

③ 阮元：《十三经注疏・礼记正义》卷一二《王制》，中华书局，2009，第2897页。

④ 魏收：《魏书》卷一〇三《高车传》，中华书局，1974，第2309页。

⑤ 洪亮吉：《春秋左传诂》卷一一《成公传》，李解民点校，中华书局，1987，第462—463页。

词。所以“晋侯欲麦”中的“麦”活用作了动词。据此可知前文桑田巫预言晋侯“不食新矣”之“新”意当为“新麦”，亦属于词类活用现象之一种，意谓桑田巫预言晋侯会死在麦收之前，吃不到当年的新麦了。周历的六月大致相当于夏历四月的初夏时节，麦始收割，所以“晋侯欲麦”，一般的训诂均注释为晋侯要尝新麦作，于是使“甸人献麦，馈人为之”，以新麦为饭，晋侯所欲食者应即所谓“麦饭”。由此记载可以推知至迟在距离今天两千六百年之久的公元前581年，麦饭已经粉墨登场。

在中国历史上，麦作粒食习俗曾长期存在。东汉刘秀起兵之初，就有在河北地区食用麦饭的记载：“（光武）及至南宫，遇大风雨，光武引车入道傍空舍，异抱薪，邓禹热火，光武对灶燎衣。异复进麦饭菟肩。”① 梁武帝时军队作战曾食用麦饭：“时累岁兵荒，户口流散，勍敌忽至，征求无所，高祖克日决战，乃令（孔）奂多营麦饭，以荷叶裹之，一宿之间，得数万裹，军人旦食讫，弃其余，因而决战，遂大破贼。”②

唐时麦饭是军粮的重要类别，府兵在战斗前要准备“麦饭九斗”③。“唐中书令李敬玄为元帅讨吐蕃……将军王杲、副总管曹怀舜等惊退，遗却麦饭，首尾千里，地上尺余。”④ 魏思温劝徐敬业起兵反武则天时说：“山东豪杰以武氏专制，愤惋不平，闻公举事，皆自蒸麦饭为粮，伸锄为兵，以俟南军之至。”⑤ 粒食的麦粥在人们的生活中比较普遍，唐诗中有“杏花香麦粥”⑥ 和“朝食有麦饘”⑦。宋诗中有“故年麸麦破分收，新年

---

① 范晔：《后汉书》卷七《冯异传》，中华书局，1965，第641页。

② 姚思廉：《陈书》卷二一《孔奂传》，中华书局，1972，第284页。

③ 欧阳修：《新唐书》卷五〇《兵志》，中华书局，1975，第1325页。

④ 张鷟：《朝野佥载》卷四，赵守俨点校，中华书局，1979，第89页。

⑤ 司马光：《资治通鉴》卷二〇三《则天顺圣皇后光宅元年》，中华书局，1956，第6426页。

⑥ 彭定求：《全唐诗》卷二五七《柳中庸·寒食戏赠》，中华书局，1960，第2876页。

⑦ 彭定求：《全唐诗》卷六〇八《皮日休·三羞诗三首》，中华书局，1960，第7016页。

未省饱馕粥"[①] 和"阿爷捣麦麦煮粥"[②]。这一时期麦饭在军粮中呈现逐渐减少的趋势，其在唐时还是军粮的重要类别，而在宋代军粮中却很少见到相关记载。宋代麦饭已经不是社会食俗的主流，但在现实生活中也较为常见。苏东坡曾在徐州"今日斋素食麦饭"[③]。宋代诗人在描写乡村生活时常提及麦饭，例如："家家麦饭美。"[④]"新炊麦饭满村香。"[⑤]"鸟乌声乐樱桃熟，田舍人忙麦饭香。"[⑥] 麦饭是宋代乡野之民的日常食物，所以成为宋代文人隐居生活的重要表现。例如："葱羹麦饭自可饱，惟去不须如井丹。"[⑦]"安贫炊麦饭，省事嚼茶芽。"[⑧]"麦饭熟时应快活。"[⑨] 罗大经在山中隐居时，"山妻稚子，作笋蕨，供麦饭，欣然一饱"[⑩]。总而言之，在唐宋时期，粒食的麦饭在社会上还广泛存在着。

中国古代粟、稻、麦三大主粮，皆可以粒食。稻、粟适合粒食，其食用方法可谓千年不变。时至 21 世纪，小米粥和大米饭仍然是中国人的主食。在唐宋时期，麦作的食用习俗则有相当大的改变。这是因为稻、

---

① 北大古文献研究所编《全宋诗》卷一〇四五《刘弇·黄洴》，北京大学出版社，1998，第 11 980 页。

② 北大古文献研究所编《全宋诗》卷三六一五《邵定翁·麦饭熟》，北京大学出版社，1998，第 43 306 页。

③ 苏轼：《苏轼文集编年笺注》卷五八《与孟亨之》，李之亮笺注，巴蜀书社，2011，第 569 页。

④ 陆游：《陆游全集校注·剑南诗稿校注》卷三〇《时雨》，钱仲联、马亚中主编，浙江古籍出版社，2015，第 51 页。

⑤ 陆游：《陆游全集校注·剑南诗稿校注》卷三二《初夏》，钱仲联、马亚中主编，浙江古籍出版社，2015，第 166 页。

⑥ 方岳：《秋崖诗词校注》卷一九《山中》，秦效成校注，黄山书社，1998，第 331 页。

⑦ 杨万里：《杨万里集笺校》卷三四《青毡堂》，辛更儒笺校，中华书局，2007，第 1740 页。

⑧ 陆游：《陆游全集校注·剑南诗稿校注》卷三四《即事》，钱仲联、马亚中主编，浙江古籍出版社，2015，第 272 页。

⑨ 范成大：《范成大集》卷三六《减字木兰花》，辛更儒点校，中华书局，2020，第 623 页。

⑩ 罗大经：《鹤林玉露》卷四《山静日长》，王瑞来点校，中华书局，1983，第 304 页。

粟等作物的谷粒外皮易于脱去，麦作种籽的表皮则又厚又硬，难以刮剥，不适合粒食方式。“由于小麦麸皮较厚，整粒煮食适口性很差，使它难以与粟脱粒后形成的米饭相比，加工方式的不当，使小麦在很长时间被视作‘恶食’。”① 麦作在简单脱皮之后，麸屑混杂，硬而难嚼，间有苦味，极其耐火，因而不论是整粒蒸煮为麦饭或破碎煮麦粥，皆口感较差，自汉代以来就被视为清贫者的食品。《论衡》云：“五谷之于人也，食之皆饱。稻粱之味，甘而多腴；豆麦虽粝，亦能愈饥。”② 中国古代将麦作磨成的细粒儿称为“麦屑”，陈霸先在建康与北齐军对阵时：“是时食尽，调市人馈军，皆是麦屑为饭，以荷叶裹而分给，间以麦𩜾，兵士皆困。会文帝遣送米三千石，鸭千头，帝即炊米煮鸭，誓申一战。士及防身，计量数脔，人人裹饭，媲以鸭肉。帝命众军蓐食，攻之，齐军大溃。”③ 北魏时，“（卢）义僖性清俭，不营财利，虽居显位，每至困乏，麦饭蔬食，忻然甘之”④。唐高宗麟德二年（665 年），“是岁大稔，米斗五钱，𪍿麦不列市”⑤。这说明当时在粟、稻丰收的年景，麦作往往无人问津。

的确“麦饭”口感较差，因此往往被认为是粗鄙的食物，人们还一度将吃麦饭上升到道德层面。广为援引的一个例子是：江东信州玉山县塘南七里店百姓谢七之妻，“不孝于姑，每饭以麦，又不得饱，而自食白粳稻”⑥。儿媳妇的不孝顺行为并不是让婆婆吃“麦饭”，而是在同时有“米饭”和“麦饭”时，自己吃口感好的“米饭”，将口感差的“麦饭”让婆婆吃，且不让吃饱。这样的行为被认为是不孝顺的。但是如果家中

① 韩茂莉：《中国历史农业地理》，北京大学出版社，2012，第 331 页。
② 王充：《论衡校释》卷八《艺增篇》，中华书局，1990，第 387 页。
③ 李延寿：《南史》卷九《武帝本纪》，中华书局，1975，第 263 页。
④ 魏收：《魏书》卷四七《卢义僖传》，中华书局，1974，第 1054 页。
⑤ 刘昫：《旧唐书》卷四《高宗本纪》，中华书局，1975，第 87 页。
⑥ 洪迈：《夷坚志》丙志卷八《谢七嫂》，何卓点校，中华书局，1981，第 430 页。

只有“麦饭”，让长者吃“麦饭”就不认为是不孝顺的行为了。朱熹到女婿蔡沈家，午饭时间到了，由于没有事先通知，女儿没有准备，只好用平日里自家吃的麦饭来招待朱熹，女儿因为饭菜太过简陋而感到不安。为了安慰女儿，朱熹写了一首麦饭诗：“葱汤麦饭两相宜，葱暖丹田麦疗饥。莫道儒家风味薄，隔邻犹有未炊时。”[①] 不仅阐述了“麦饭”的食疗作用，还提到“麦饭”虽然味道欠佳，但是还有很多没有吃上饭的人家。

南宋时期，虽然粮食产量达到了一定的高度，粮食商品化程度也有提高，但是粮食的供应还远没有达到完全满足社会需求的程度，广大的农民甚至贫困的士宦[②]还是过着艰苦的生活，“有饭吃”仍然是很多民众的最大愿望。所以我们能够看到很多有关“麦饭香”的诗句，比如：“家家麦饭美，处处菱歌长。”[③] “蒻韭腌齑粟作浆，新炊麦饭满村香。”[④] “有酒如淮肉如坻，何如麦饭滑流匙。”[⑤] “鸟乌声乐樱桃熟，田舍人忙麦饭香。”[⑥] “人言农家苦，望晴复望雨。乐处谁得知，生不识官府。葛衫麦饭有即休，湖桥小市酒如油。夜夜扶归常烂醉，不怕行逢灞陵尉。”[⑦] 这

---

① 朱熹：《朱熹集·朱熹外集》卷一《过德兴县叶元恺家偶题》，尹波、郭齐点校，四川教育出版社，1996，第5710页。

② 梁庚尧：《南宋的贫士与贫宦》，《台大历史学报》1991年，第91—137页。

③ 陆游：《陆游全集校注·剑南诗稿校注》卷三〇《时雨》，钱仲联、马亚中主编，浙江古籍出版社，2015，第197页。

④ 陆游：《陆游全集校注·剑南诗稿校注》卷三二《初夏十首》，钱仲联、马亚中主编，浙江古籍出版社，2015，第291页。

⑤ 曾几：《茶山集》卷八《禽声》，《文渊阁四库全书》第1136册，商务印书馆，1986，影印本，第542页。

⑥ 方岳：《秋崖集》卷八《山中》，《文渊阁四库全书》第1182册，商务印书馆，1986，影印本，第226页。

⑦ 陆游：《陆游全集校注·剑南诗稿校注》卷二九《鸟啼》，钱仲联、马亚中主编，浙江古籍出版社，2015，第191页。

与抚州民众“厌贱麦饭，以为粗粝”① 的状况形成鲜明对比。对此黄震认为是抚州良好的自然条件，当地的稻米产量很高，正常年份基本满足民众食用需求，甚至当地的猪都吃碎米，所以民众不种麦，更加不食用“麦饭”。但是这只是抚州一地的状况，除了抚州，其他州县种麦还是很普遍的，同文亦言“何天下州县皆不劝种麦而本州独劝？以天下百姓皆种麦，而本州独不种也……且说江西，其地十州皆种麦”②，可见麦作种植的广泛，文中虽然没有提到其他州县食用麦作的方式，但我们不能完全排除“麦饭”的形式。

如果麦作歉收，民众不仅仅面如枯槁，甚至造成社会动荡。“去年灶妇饱而腴，今岁啼饥眼欲枯。麦饭熟时犹远在，不多元气急须扶。”③“麦饭家家甑中有，永无犊佩起山头。”④ 绍兴年间（1131—1162），宋高宗提醒福建的地方官在赈济时要照顾到“乡”等偏僻之地，这一点得到董煟的赞同，他认为赈济当及乡村，如果每家都有五只母鸡一头猪，一百钱和数升麦饭，即使是春秋时期著名纵横家苏秦、张仪的各种劝说，韩信、白起的提剑威胁，也“不能一夫为盗”。⑤ 可见，“麦饭”是普通民众的重要粮食来源之一。

另外，“麦饭”还是一种祭祀之食，特别是在寒食节时。现将《全宋诗》中相关诗句进行了摘录，见表 2-1：

---

① 黄震：《黄震全集·黄氏日抄》卷七八《咸淳七年中秋劝种麦文》，张伟、何忠礼主编，浙江大学出版社，2013，第 2221 页。

② 黄震：《黄震全集·黄氏日抄》卷七八《咸淳七年中秋劝种麦文》，张伟、何忠礼主编，浙江大学出版社，2013，第 2221 页。

③ 洪咨夔：《平斋文集》卷三《刘后溪和雁湖即事诗十绝见示次韵》，《宋集珍本丛刊》第 74 册，线装书局，2004，影印本，第 790 页。

④ 方回：《桐江续集》卷一六《次韵徐赞府蜚英八首》，《文渊阁四库全书》第 1193 册，商务印书馆，1986，影印本，第 412 页。

⑤ 董煟：《救荒活民书》卷上，《丛书集成初编》第 964 册，中华书局，1985，第 20 页。

表 2-1　《全宋诗》中有关麦作的祭祀诗统计表

作者	诗句	史料来源
刘克庄（1187—1269）	自有菊泉供祭享，不消麦饭作清明	卷三〇四五《哭孙季蕃二首》
刘克庄（1187—1269）	麦饭何妨荐寒食，榆钱元不济贫家	卷三〇五九《诸公和差须二诗不已又得二首》
刘克庄（1187—1269）	晚驾笨车还里，岁将麦饭浇坟	卷三〇五九《春日六言十二首》
方岳（1199—1262）	一杯麦饭洒悲辛，不尽烟芜旧与新	卷三二〇八《上冢》
于石（1247—?）	荒冢累累人不识，芳草萋萋吐花碧。麦饭一盂酒一滴，哀哀儿女春衫湿	卷三六七六《己卯寒食》
仇远（1247—1326）	薄葺田园溧泽边，乡心常梦蜀山川。梨花知几逢寒食，麦饭谁能洒墓田	卷三六八二《送程子方归蜀其一》
罗公升（? —?）	谁与持麦饭，一洒冢上松	卷三六九七《感旧》
陆文圭（1252—1336）	一盂麦饭一豚肩，寒食风花泪眼边	卷三七一一《黄山上先冢旧葬处》
陈杰（? —?）	故王沉愤九重泉，先帝焦劳四十年。已有含桃存新庙，独无麦饭洒荒阡	卷三四五二《永穆陵复土随龙除官甚盛》

粒食的麦饭虽然艰涩，但在这一时期还是很广泛存在，在国家政治、军事等方面起到一定的作用，并在民众的生活中扮演着重要角色。

第二节　面食

在唐宋时期，麦作的食用习俗有了很大改变：从粒食转变为面食。这一时期生产工具效率的提升，面粉制造业的发达，面食烹饪技术的提升，都推动了面食的发展。

一、磨面效率的提升

将麦作从粗粝之食变为顺口美食的关键在于将麦粒加工成面粉。中国古人们所能依据的技术条件，完全去掉麦作表皮是基本不可能完成的工作。将麦作磨成面粉后，麦皮也随之变成粉末，麦作食品的口感就会大为提升，从“艰涩”变成“顺滑”。同时因麦粉含有麦胶蛋白和麦谷蛋白，黏性较强，可以方便地制作成形状和口感各异的食品。因此在中国古代，麦作的粉末化程度决定着其适口性的程度，而制粉技术则与加工工具直接相关。自上古至秦汉，杵臼是最为重要的谷物加工工具。杵臼舂捣将粟麦加工成米粒，已经是非常繁重的体力劳动。如想利用杵臼舂粉，则只能进一步加工，劳苦加倍而成的粉末却存在颗粒粗、质量差的问题。

石旋磨的出现，可以快捷地将粟与麦研磨成粉。两汉时代，使用人力推动的碓已逐渐普遍应用。汉扬雄《方言》称：“碓机，陈、魏、宋、楚，自关而东谓之梴碓。”① 磨可以将麦磨成面粉，提升麦类食品的口感，将其变为顺滑的美食。这一时期，水磨得到进一步发展，加工效率较高。高力士在都城西北截沣水作碾每日可加工 300 石麦。② 在水资源不充沛的地区，人力和畜力仍是面粉加工工具的主要动力。宋真宗景德四年（1007 年），曲院需要磨麦制曲：“凡磨小麦四万石，用驴六百头，步磨三十盘，每料磨五百硕。四更动磨，未时磨绝。役兵士四百二十八

① 华学诚：《扬雄方言校释汇证》，中华书局，2006，第 1596 页。

② 刘昫：《旧唐书》卷一八四《高力士传》，中华书局，1975，第 4758 页。

人，十二日毕。磨麦四万硕，收面三百二十二万七千三百九十二斤。”① 研磨 4 万石的小麦，需要 428 名士兵、600 头驴、30 盘步磨，耗费 144 个小时才能完工，收获了 3 227 392 斤面粉。王祯《农书》中记载了牛转连磨的工作过程：“凡磨，上皆用漏斗盛麦，下之眼中，则利齿旋转上声，破麦作麸，然后收之筛罗，乃得成面。世间饼饵，自此始矣。”② 生产工具的改进，极大地提高了磨面效率和规模。

二、磨户的大量出现

唐代已经出现了从事米面加工的专业户，称为“磨行”“磨家”“硙户”。他们在水源丰富的地方，大量使用水碓。唐大中六年（852 年），京兆地区百姓已经通过贩麦面入城谋利了，“百姓多端以麦造面入城贸易”③。杜甫在《槐叶冷淘》中提道：“新面来近市。”④ 见到有利可图，实力雄厚的富商及权贵，纷纷加入，他们占据水势良好的地段，借助水力，进行规模化的麦面生产。王利华认为：“唐代关中地区的水力加工规模甚大，水碾、水硙数量众多，已经成为一个具有重要经济意义的产业。”⑤ 河渠上大量的水磨严重影响了农业灌溉，唐政府不得不出面干预，或废掉碾硙，或对碾硙用水进行限制。⑥

宋代磨户在经营方式和规模上都有了长足发展，北宋开封附近卖麦

---

① 徐松辑《宋会要辑稿》职官二六之三四，刘琳、刁忠民、舒大刚等校点，上海古籍出版社，2014，第 3706 页。

② 王祯：《农书译注》农器图谱集之九《礳》，齐鲁书社，2009，第 571 页。

③ 王溥：《唐会要》卷九〇《和籴》，上海古籍出版社，2006，第 1944 页。

④ 杜甫：《杜诗详注》卷一九《槐叶冷淘》，仇兆鳌注，中华书局，1979，第 1645 页。

⑤ 王利华：《古代华北水力加工兴衰的水环境背景》，《中国经济史研究》2005 年第 1 期，第 33 页。

⑥ 朱华：《唐代关中地区碾硙毁废原因新探》，《唐史论丛》2021 年第 1 期，第 199 页。

面的百姓，“用太平车或驴、马驮之，从城外守门入城货卖，至天明不绝”[①]。宋太祖修建东西水硙“以供禁中，岁久颇废，因不复用。自御膳所供面皆市买”[②]。磨面的水硙年久废弃，不是因为宫中不再消耗面粉，而是所需面粉可以直接从市场上购得。那么宫中一年消耗多少面粉呢？徐松辑《宋会要辑稿》中记载，宋神宗熙宁十年（1077 年），御厨用面数量为“一百一十一万六百六十四斤四两”[③]。掌管“水碾磨麦，以供尚食及内外之用”[④] 的水磨务在元丰年间（1078—1085）再度被废，可见水磨务能够提供的面粉是有限的，这 111 万多斤的面粉应该绝大多数来自市场。由此可知“磨户”的生产能力是非常强大的。

《夷坚志》中有两个广为学界援引的例子：董国庆之妾，“买磨驴七八头，麦数十斛。每得面，自骑驴入城鬻之，至晚负钱以归，率数日一出。如是三年，获利愈益多，有田宅矣”[⑤]。京城许大郎，“世以鬻面为业，然仅能自赡。至此老颇留意经营，增磨坊三处，买驴三四十头，市麦于外邑……如是十数年，家道日以昌盛，骎骎致富矣。每夕分，命干奴守直于磨旁”[⑥]。他们的经营方式较为相似，皆为从他处购麦，然后贩卖加工后的麦面谋利。前文提到漳州、泉州每斤二三十文的麦，运到广

---

① 孟元老：《东京梦华录笺注》卷三《天晓诸人入市》，伊永文笺注，中华书局，2007，第 357 页。

② 刘敞：《公是集》卷五一《先考益州府君行状》，《文渊阁四库全书》第 1095 册，商务印书馆，1986，影印本，第 863 页。

③ 徐松辑《宋会要辑稿》方域四之一〇，刘琳、刁忠民、舒大刚等校点，上海古籍出版社，2014，第 9333 页。

④ 徐松辑《宋会要辑稿》食货五五之一，刘琳、刁忠民、舒大刚等校点，上海古籍出版社，2014，第 7251 页

⑤ 洪迈：《夷坚乙志》卷一《侠妇人》，何卓点校，中华书局，1981，第 190 页。

⑥ 洪迈：《夷坚支志》戊集卷七《许大郎》，何卓点校，中华书局，1981，第 1110 页。

州磨成面的售价为“每斤百余文”①。可见磨户的利润还是比较丰厚的。

三、面食的普及

（一）唐代面食的日常化

东汉时开始将以面粉制作的食品称为“饼”：“饼，并也，溲面使合并也。”② 西晋时期发明了面粉发酵法，《齐民要术》曰：“作饼酵法：酸浆一斗，煎取七升；用粳米一升著浆，迟下火，如作粥。六月时，溲一石面，著二升；冬时，著四升作。”③ 发酵法进一步改善了麦作面食的口感。

唐代出现了专门从事米面加工的农户，宫廷中设“司农卿”一职，设置官员掌管米面加工：“置令二人，丞四人，掌舂碾米面油烛之事。”④ 唐代面食已经成为常见食品，京畿地区“百姓多端以麦造面，入城贸易”⑤。白居易写道：“胡麻饼样学京都，面脆油香新出炉。”⑥ 唐代在饼中加入各类馅心，这就出现了有馅的蒸饼，称为笼饼。唐御史台官员多购买笼饼：“常命作笼饼，谓膳者曰：‘与我作笼饼，可缩葱作。’比市笼饼，葱多而肉少，故令缩葱加肉也。”⑦ “‘点心’一词在唐代出现，后来，‘点心’多指面食，所以有了‘面点’一词。”⑧ 唐代城市居民的主食结构在由以粟米“粒食”为主转向粟米与面粉并重、“粒食”与“饼

① 方大琮：《铁庵集》卷三三《劝种麦》，《北京图书馆古籍珍本丛刊》第 89 册，书目文献出版社，1998，第 728 页。

② 刘熙：《释名》卷四《释饮食》，中华书局，2020，第 58 页。

③ 贾思勰：《齐民要术今释》卷九《饼法》，石声汉校释，中华书局，2009，第 921 页。

④ 马端临：《文献通考》卷五六《职官考十》，中华书局，2011，第 1653 页。

⑤ 王溥：《唐会要》卷九〇《和籴》，上海古籍出版社，2006，第 1944 页。

⑥ 彭定求：《全唐诗》卷四四一《白居易·寄胡饼与杨万州》，中华书局，1960，第 4918 页。

⑦ 李昉等编《太平广记》卷二五八《嗤鄙一》，中华书局，1961，第 2012 页。

⑧ 邱庞同：《中国面点史》，青岛出版社，2010，第 66 页。

食”并重，并最终走到以面粉“饼食”为主的不断变迁的道路上，又向前跃进了一大步。①

（二）宋代面食的丰富化

面粉中含有麦胶蛋白和麦谷蛋白，黏性较强，可以方便地制作成形状和口感各异的食品。宋代民众充分发挥了麦面的可塑性，使宋代面食出现丰富化的趋势。烹制方法更流行蒸制，面食形状方面更为多样立体。宋人用面粉制成各种美味的“饼”：“凡以面为食具者皆谓之饼，故火烧而食者呼为烧饼，水瀹而食者呼为汤饼，笼蒸而食者呼为蒸饼，而馒头谓之笼饼宜矣。”② 宋代蒸饼的“蒸”字与宋仁宗赵祯的名字发音相近，为了避讳，改称“炊饼”，俗称“馒头”。馒头皮经过发酵，比较厚，所以欧阳修言“世之人有喜作肥字”，谓“正如厚皮馒头，食之未必不佳”。③《东京梦华录》所记载的馒头名家有“万家馒头”④“孙好手馒头”⑤。宋代已经出现了很多以“面”命名的食品。北宋开封有罨生软羊面、桐皮面、桐皮熟脍面、插肉面、大燠面等。⑥ 各种规模的面店遍布南宋杭州城中，《梦粱录》中记载的著名面食品种有丝鸡面、三鲜面、鱼桐皮面、盐煎面、笋泼肉面、炒鸡面、三鲜棋子、虾鱼棋子、丝鸡棋子、七宝棋子、抹肉银丝冷淘、丝鸡淘、耍鱼面等。⑦ 宋代有馅面食也大为

---

① 黄正建：《唐代衣食住行》，中华书局，2013，第 48 页。

② 黄朝英：《靖康缃素杂记》卷二，《文渊阁四库全书》第 850 册，商务印书馆，1986，影印本，第 395 页

③ 欧阳修：《欧阳修全集》卷一二九《世人作肥字说》，李逸安点校，中华书局，2001，第 1970 页。

④ 孟元老：《东京梦华录笺注》卷三《大内西右掖门外街巷》，伊永文笺注，中华书局，2007，第 274 页。

⑤ 孟元老：《东京梦华录笺注》卷三《大内前州桥东街巷》，伊永文笺注，中华书局，2007，第 284 页。

⑥ 孟元老：《东京梦华录笺注》卷四《食店》，伊永文笺注，中华书局，2007，第 430 页。

⑦ 吴自牧：《梦粱录新校注》卷一六《面食店》，阚海娟校注，巴蜀书社，2015，第 273 页。

发展，出现“包子”。根据馅料而有不同的名称，有水晶包儿、笋肉包儿、虾鱼包儿、江鱼包儿、蟹肉包儿、鹅鸭包儿。[①]《东京梦华录》所记载的包子类的名店名品有王楼山洞梅花包子、鹿家包子等。[②] 宋代有类似后世馅饼的“夹儿”“夹子”面食，有素夹儿、蛾眉夹儿、细馅夹儿、笋肉夹儿、油馃夹儿、金铤夹儿、江鱼夹儿等名目。[③]

中国的面食从制作方式来看，可以分为蒸制、煮制、烤制、烙制和油炸。[④] 这 5 种方式在唐宋时期已经全部具备，例如蒸制的饼、馒头，煮制的面、棋子、淘、角子等，烤烙的烧饼，油炸的胡麻饼。宋人的主食烹饪，在前人基础上更加丰盛，每一种制作方式均有多种品类。

唐宋时期，麦食方式中粒食逐渐减少，多见于广大农村中；面食的制作方式非常丰富，特别是在城市中，面食品类繁多。正如元代王祯所言：“大麦可作粥饭，甚为出息。小麦磨面，可作饼饵，饱而有力；若用厨工造之，尤为珍味。充食所用甚多。”[⑤] 南宋戴复古有《刈麦行》诗：“腰镰上垅刈黄云，东家西家麦满门。前村寡妇拾滞穗，馇粥有余炊饼饵。我闻淮南麦最多，麦田今岁屯干戈。饱饭不知征战苦，生长此方真乐土。”[⑥] 诗人为我们描述了一个没有战争，院中堆满麦作，农家喝粥吃饼的快乐生活场景。这一时期麦作在人们的日常饮食中占据越来越重要的地位。

---

① 吴自牧：《梦粱录新校注》卷一六《荤素从食店》，阚海娟校注，巴蜀书社，2015，第 276 页。

② 孟元老：《东京梦华录笺注》卷二《宣德楼前省府宫宇》，伊永文笺注，中华书局，2007，第 82 页。

③ 吴自牧：《梦粱录新校注》卷一六《荤素从食店》，阚海娟校注，巴蜀书社，2015，第 276 页。

④ 洪光住：《中国食品科技史稿》上册，中国商业出版社，1984，第 30 页。

⑤ 王祯：《农书译注》上册，齐鲁书社，2009，第 172 页。

⑥ 戴复古：《戴复古诗集》卷一《刈麦行》，金芝山点校，浙江古籍出版社，2012，第 27 页。

面食的发展并不代表粒食的消失，基于史料的局限性，我们无法考证粒食与面食在人们饮食结构中的比例，目前也没有史料证明这一时期面食完全取代粒食，但是在麦类作物的麦食方式中，粒食减少面食增加的趋势应是肯定的。

第三章　麦作地位的提升

随着麦作种植区域的扩大，以及食用方式的改变，其在国家层面的地位也越来越重要，在国家政治、经济、军事等方面占据越来越重要的位置。

第一节　麦作的杂粮地位

对中国先秦时期的粮食品种，古人有“五谷”或“六谷”之说，排序先后也很不一致，“但大体不出黍、稷、菽、麦、麻、稻六种作物。”①

一、粟稻的主粮地位

在先秦与秦汉时期，中国文明的重心在以古都西安、洛阳、开封为中心的黄河流域。适合在黄土高原生长的粟谷是最重要的粮食作物，被称为“五谷之长”②。东汉班固说：“稷者，百谷之主，所以奉宗庙，供粢盛，人所食以生活也。”③ 粟谷直接决定着王朝的粮食安全和社会稳

① 梁家勉主编《中国农业科学技术史稿》，农业出版社，1989，第118—119页。

② 阮元：《十三经注疏·周礼注疏》卷一六《舍人》，中华书局，2009，第1616页。

③ 班固：《汉书》卷二五《郊祀志》，颜师古注，中华书局编辑部点校，中华书局，1962，第1269页。

定："不生粟之国亡，粟生而死者霸，粟生而不死者王。粟也者，民之所归也；粟也者，财之所归也；粟也者，地之所归也。粟多则天下之物尽至矣。"①

汉唐时期，普通人经常食用粟米饭。汉代公孙弘"身食一肉，脱粟饭"②。汉文帝之母武宣卞皇后生活节俭，"菜食粟饭，无鱼肉"③。唐人请客吃饭，"人前下粟米饭一碗，蒸葫芦一枚"④。"汴州刺史王志愔饮食精细，对宾下脱粟饭。"⑤ 窦建德"不啖肉，常食唯有菜蔬、脱粟之饭"⑥。

隋唐时期，作为主粮的粟谷是政府租赋的主要征收对象。隋代规定每个夫妇之家的田租要交粟三石："丁男一床，租粟三石。"⑦ 唐租庸调令规定："每丁岁入租粟二石"⑧，地税为"率户出粟，上上户五石，余各有差"⑨。粟谷也是唐代政府国库蓄积的主要粮食品种，如唐宪宗元和七年（812 年）七月，地方政府储备粮食的情况为："今冬诸州和籴贮粟，泽、潞四十万石，郑、滑、易、定各一十五万石，夏州八万石，河阳一十万石，太原二十万石。"⑩ 开拓新的田地时，提供粟谷种子也是唐

---

① 黎翔凤：《管子校注》卷一五《治国》，梁运华整理，中华书局，2004，第 926 页。

② 班固：《汉书》卷五八《公孙弘传》，颜师古注，中华书局编辑部点校，中华书局，1962，第 2621 页。

③ 陈寿：《三国志》卷五《魏书・武宣卞皇后》，中华书局，1982，第 157 页。

④ 佚名：《新辑玉泉子》，夏婧点校，中华书局，2014，第 184 页。

⑤ 张鷟：《朝野佥载》卷三，赵守俨点校，中华书局，1979，第 76 页。

⑥ 刘昫：《旧唐书》卷五四《窦建德传》，中华书局，1975，第 2238 页。

⑦ 魏徵：《隋书》卷二四《食货志》，中华书局，1973，第 680 页。

⑧ 刘昫：《旧唐书》卷四八《食货志》，中华书局，1975，第 2088 页。

⑨ 刘昫：《旧唐书》卷四九《食货志》，中华书局，1975，第 2123 页。

⑩ 王溥：《唐会要》卷九〇《和籴》，上海古籍出版社，2006，第 1637 页。

代各级政府的重要职责："募百姓能以力耕公田者，假之牛犁、粟种与食。"[①] 粟作为北方百姓最常食用的主粮，自然也成为唐代北方地区物价的主要衡量物。比如：唐太宗贞观年间（627—649）"米斗四五钱"[②]；唐玄宗开元年间（713—741），"时累岁丰稔，东都米斗十钱，青、齐米斗五钱"[③]，天宝年间（742—756）"米斗之价钱十三，青、齐间斗才三钱"[④]。

作为当时民众的主粮，唐代粟类种植区极为广大：在华北大平原上，北起燕山，南达淮河，西起太行、洛阳，东尽大海，除山东丘陵之外，都普遍种植粟类，"其分布具有多而集中的特点"；黄土高原除代北和陇右西部局部之外，也是处处粟田弥望，关中盆地、汾河谷地以及泽潞山区，粟作生产更是繁盛。[⑤]

自先秦至隋唐，长江流域作为中国文明的另一重心，稻则是主要的粮食品种。这一时期中国的主粮结构，北方以粟为主，南方以稻为主，呈现出"北粟南稻"的特点。[⑥]

唐代南方地区水稻得到了广泛的种植，这在唐代诗歌中有许多反映。杜甫曾对江南地区大片稻田进行了描写："东屯大江北，百顷平若案。六月青稻多，千畦碧泉乱。插秧适云已，引溜加溉灌。更仆往方塘，决渠

---

① 董诰：《全唐文》卷六三九《李翺·唐故金紫光禄大夫公行状》，中华书局，1983，第6458页。

② 欧阳修：《新唐书》卷五一《食货志》，中华书局，1975，第1344页。

③ 刘昫：《旧唐书》卷八《玄宗本纪》，中华书局，1975，第189页。

④ 欧阳修：《新唐书》卷五一《食货志》，中华书局，1975，第1346页。

⑤ 华林甫：《唐代粟、麦生产的地域布局初探》，《中国农史》1990年第2期，第33—42页。

⑥ 刘桂娥、向安强：《史前"南稻北粟"交错地带及其成因浅析》，《农业考古》2005年第1期，第115—122页。林甲山主编《新编上下五千年·中国科学技术卷》上，延边人民出版社，2001，第15页。

当断岸。”① 刘禹锡则写道：“万顷水田连郭秀，四时烟月映淮清。”② 此外，唐代还有“稻花千顷外，莲叶两河间”③“万畦新稻傍山村，数里深松到寺门”④ 的诸多描述稻田广阔的诗句。唐代著名的稻作区有汉中、巴蜀地区、南阳盆地、湘鄂赣地区、淮南地区等地。⑤

由于水稻是南方粮食作物中的最主要品种，唐朝在征收租税时规定：“岭南诸州则税米。”⑥ 唐代太湖附近的嘉禾地区，从太湖之滨延伸到东南沿海，“广轮曲折千有余里”⑦，因产粮量巨大，时人评价其关系江南地区的粮食供给：“嘉禾一穰，江淮为之康；嘉禾一歉，江淮为之俭。”⑧

由于关中平原难以满足人口增长带来的粮食问题，唐政府要漕运江南稻米进入长安。陆贽叙述了这一变化趋势：

> 旧制以关中王者所都，万方辐辏，人殷地狭，不足相资，加以六师糗粮，百官禄廪邦畿之税，给用不充。所以控引东方，岁运租米，冒淮湖风浪之弊，溯河渭湍险之艰，所费至多，所济盖寡。……请每年转漕米一百万石，以赡京师。⑨

江南成为唐朝政府的主要财税粮食来源地：“三秦之人，待此而饱；

---

① 彭定求：《全唐诗》卷二二一《杜甫·行官张望补稻畦水归》，中华书局，1960，第 2342 页。

② 彭定求：《全唐诗》卷三五九《刘禹锡·送李中丞赴楚州》，中华书局，1960，第 4047 页。

③ 彭定求：《全唐诗》卷八〇九《灵一·酬陈明府舟中见赠》，中华书局，1960，第 9127 页。

④ 彭定求：《全唐诗》卷二〇七《李嘉祐·秋晓招隐寺东峰茶宴送内弟阎伯均归江州》，中华书局，1960，第 2165 页。

⑤ 张泽咸：《试论汉唐间的水稻生产》，《文史》第 18 辑，第 30 页。

⑥ 刘昫：《旧唐书》卷四八《食货志》，中华书局，1975，第 2088 页。

⑦ 彭定求：《全唐诗》卷八〇九《灵一·酬陈明府舟中见赠》，中华书局，1960，第 9127 页。

⑧ 董诰：《全唐文》卷四三〇《李翰·苏州嘉兴屯田纪绩颂》，中华书局，1983，第 4375 页。

⑨ 董诰：《全唐文》卷四七三《陆贽·请减京东水运收脚价于缘边州镇储蓄军粮事宜状》，中华书局，1983，第 4832 页。

六军之众，待此而强。”① 韩愈总结说：“当今赋出于天下，江南居十九。”② 杜牧总结说：“今天下以江淮为国命。”③ 此外唐代还有“军国大计，仰于江淮”④ 和“天下大计，仰于东南”⑤ 的说法。可以说在唐中后期，江南水稻已经直接关系到大唐帝国的安危与兴衰。

宋代南方水稻也是开封一百多万军民的主食。北宋中期，“江、淮民田，十分之中八九种稻”⑥。宋神宗熙宁十年（1077 年），皇宫中共用去“米五千五百七十八石八斗五勺，面一百一十一万六百六十四斤四两”⑦，稻米与面粉都是宫廷主食。北宋时期，每年江、淮、湖、浙的六七百万石稻米，经水路运输北上开封，“万艘衔尾饷中州”⑧，宋朝开封的稻米仰赖东南供应。蔡京孙辈不知农业生产，竟以为席袋之中可以长出稻米：

> 蔡京诸孙生长膏粱，不知稼穑。一日，京戏问之曰：“汝曹日啖饭，试为我言米从何处出。”其一人遽对曰：“从臼子里出。”京大笑。其一从旁应曰：“不是，我见在席子里出。”盖京师运米，以席囊盛之故云。⑨

---

① 刘昫：《旧唐书》卷一二三《刘晏传》，中华书局，1975，第 3512 页。

② 韩愈：《韩愈文集汇校笺注》卷九《送陆歙州参序并诗》，刘真伦、岳珍校注，中华书局，2010，第 976 页。

③ 杜牧：《杜牧集系年校注·樊川文集》卷一六《上宰相求杭州启》，吴在庆校注，中华书局，2008，第 1019 页。

④ 董诰：《全唐文》卷四八六《权德舆·论江淮水灾上疏》，中华书局，1983，第 4962 页。

⑤ 欧阳修：《新唐书》卷一六五《权德舆传》，中华书局，1975，第 5076 页。

⑥ 曾枣庄、刘琳主编《全宋文》卷一〇四二《田渊·乞农隙之际点差夫役兴修江淮陂塘奏》，上海辞书出版社、安徽教育出版社，2006，第 48 册，第 185 页。

⑦ 徐松辑《宋会要辑稿》方域四之一〇，刘琳、刁忠民、舒大刚等校点，上海古籍出版社，2014，第 10 页。

⑧ 宋庠：《元宪集》卷一五《汴渠春望漕舟数十里》，《文渊阁四库全书》第 1087 册，商务印书馆，1986，影印本，第 514 页。

⑨ 曾敏行：《独醒杂志》卷一〇，朱杰人整理，大象出版社，2019，第 275 页。

宋人总结出“苏湖熟，天下足”[①] 或“苏常熟，天下足”[②] 的谚语，水稻也被宋人称为“安民镇国之至宝”[③]。唐宋时期“北麦南稻”的主粮结构正式定型，宋代“以稻米为主食的人口首次超过了以麦、粟为主食的人口”[④]。在我国主粮结构中，稻麦格局取代了粟稻麦的格局。

二、麦作的杂粮地位

自秦汉至唐前中期，麦作在主粮中的比重上升趋势明显，但还没有完全改变“北粟南稻”的格局。唐时杜甫《忆昔》诗记录国家粮食存储情况为“稻米流脂粟米白”[⑤]，说明唐玄宗时期这种主粮格局还在延续。唐玄宗时为增加京城地区主粮供应，规定：“关内诸州庸调资课，并宜准时价变粟取米。”[⑥] 这里米是稻米，也说明稻米和粟并列的主粮地位。在“北粟南稻”的主粮格局中，麦作处于次要地位。在隋唐的历史文献中，麦作常处于“杂粮”之列。

隋开皇十五年（595 年）下诏规定救济粮的发放：“本置义仓，止防水旱……若人有旱俭少粮，先给杂种及远年粟。”[⑦] 这时将“杂种”和“远年粟”并列，说明粟是主粮，麦作只是归入“杂种”而没有单独提出。麦作在唐初被归为“杂稼”，颜师古在注《汉书》时认为：“秋者，

① 曾枣庄、刘琳主编《全宋文》卷七二四四《吴泳·隆兴府劝农文》，上海辞书出版社、安徽教育出版社，2006，第 316 册，第 182 页。

② 陆游：《陆游全集校注·渭南文集校注》卷二〇《常州奔牛闸记》，钱仲联、马亚中主编，浙江古籍出版社，2015，第 286 页。

③ 赵希鹄：《调燮类编》卷三《粒食》，人民卫生出版社，1990，第 86 页。

④ 王赛时、齐子忠：《中华千年饮食》，中国文史出版社，2002，第 23 页。

⑤ 杜甫：《杜诗详注》卷一三《忆昔》，仇兆鳌注，中华书局，1979，第 1163 页。

⑥ 刘昫：《旧唐书》卷四八《食货志》，中华书局，1975，第 2090 页。

⑦ 魏徵：《隋书》卷二四《食货志》，中华书局，1973，第 685 页。

谓秋时所收谷稼也。今俗犹谓麦豆之属为杂稼。云秋罢者，言至秋时无所收也。”① 唐代政府征收地租、地税时，麦作被归为“杂种”。唐代租庸调制度规定：凡受田课户，丁租每年纳粟二石；义仓征纳，亦以粟为主，“乡土无粟，听纳杂种充”②。唐代诸粮食品种间的租税额折算，麦的地位也次于粟，《唐六典》规定：“凡粟支九年，米及杂种三年。”③ 唐代征收义仓粮食也是以“粟”为准，麦次于粟：“王公已下垦田，亩纳二升。其粟麦粳稻之属，各依土地。贮之州县，以备凶年。”④ 唐《义仓式》中规定，每亩纳粟二升，“诸出给杂种，准粟者，稻谷一斗五升当粟一斗”⑤。总而言之，在隋及唐朝前期的国民经济运行中皆以粟、稻为正粮，麦作则屈居“杂种”类。

第二节　麦作的主粮地位

自唐中期以后，随着种植地区的扩大，麦作的产量逐渐提高，并在北方完成了对粟主粮地位的超越。这一历史变化，深刻影响了唐宋时期的社会经济制度。麦作在国家赋税、官员俸禄、军粮、财政中占有重要地位。

一、赋税中的麦作

粟、麦具有不同的生长规律，粟、稻皆是秋季成熟，而麦作的种植

---

① 班固：《汉书》卷九《元帝纪》，颜师古注，中华书局编辑部点校，中华书局，1962，第 288 页。

② 李林甫：《唐六典》卷三《仓部郎中·员外郎》，陈仲夫点校，中华书局，1992，第 84 页。

③ 李林甫：《唐六典》卷一九《少卿·太仓署》，陈仲夫点校，中华书局，1992，第 527 页。

④ 刘昫：《旧唐书》卷四九《食货志》，中华书局，1975，第 2123 页。

⑤ 杜佑：《通典》卷一二《食货十二》，王文锦等点校，中华书局，1988，第 291 页。

时间一般为秋种夏收，唐诗中对麦作的生长时间多有描写：“麦垄青青三月时。”① “五月虽热麦风清。”② “田家少闲月，五月人倍忙。夜来南风起，小麦覆陇黄。”③ “蚕罢里闾晏，麦秋田野喧。”④

由于麦作的种植期是秋天，故而唐朝政府授田时，为不误耕种时间，规定麦田应在农历十月前交予田主，凡给廨田、职分田：“若陆田限三月三十日，稻田限四月三十日……其麦田以九月三十日为限。”⑤ 而鉴于麦作的收获期为夏季，唐朝政府对租赋征收制度也做了改革。唐初赋税征收实行租庸调制，“有田则有租，有家则有调，有身则有庸”⑥，田租征收以秋季征粟为时间界限。随着麦作种植区域的扩大，为便于征收麦作租粮，夏季也成为田租征收的重要时间节点。永泰元年（765 年）唐政府在京畿麦熟之时调整租法：“京兆麦大稔，京兆尹第五琦奏请每十亩官税一亩，效古什一之税。从之。”⑦ 大历四年（769 年）夏麦征税已经成为惯例：“秋霖颇伤百稼，百姓种麦，其数非多，如闻村闾，不免流散。来年税麦，须有优矜。其大历五年夏麦所税，特宜与减常年税。”⑧ 在经历了安史之乱后，唐德宗改革税收制度，宰相杨炎制订“两税法”，分夏、秋两季征收，夏税限六月纳毕，秋税十一月纳毕。“自代宗时，始以亩定税，而敛以夏秋。……夏输无过六月，秋输无过十一月。”⑨

麦作成为国家赋税征收的重要粮食作物，“突破了历代以粟为主一季

---

① 李白：《李太白全集》卷三《雉朝飞》，王琦注，中华书局，1977，第 203 页。
② 彭定求：《全唐诗》卷二九八《王建·田家行》，中华书局，1960，第 3382 页。
③ 彭定求：《全唐诗》卷四二四《白居易·观刈麦》，中华书局，1960，第 4656 页。
④ 彭定求：《全唐诗》卷一五四《萧颖士·山庄月夜作》，中华书局，1960，第 1598 页。
⑤ 杜佑：《通典》卷二《田制》，王文锦等点校，中华书局，1988，第 32 页。
⑥ 欧阳修：《新唐书》卷五二《食货志》，中华书局，1975，第 1354 页。
⑦ 刘昫：《旧唐书》卷四八《食货志》，中华书局，1975，第 2091 页。
⑧ 董诰：《全唐文》卷四八《减次年麦税敕》，中华书局，1983，第 531 页。
⑨ 欧阳修：《新唐书》卷五二《食货志》，中华书局，1975，第 1351 页。

征收的赋税模式，也反映了唐代中期麦作产量的迅速增长，已经形成了麦作与粟类、水稻鼎立的局面”①。“两税法”因麦作发展得以制定和实施，反过来又促使其进一步发展，麦作最终摆脱“杂种”地位成为当之无愧的主粮。② 唐宋时期，由于麦在北方已经跃升为与粟并美的主粮，由此形成了“北麦南稻的新格局”③。麦作完成了从杂粮到主粮的地位飞跃。

二、官俸中的麦作

唐宋时期官员俸禄中的俸粮，也由粟、米变成了米、麦。唐中期，官员俸粮中多是粟、米。天宝中（742—756），朝廷一岁应收粟二千五百余万石，其中“三百万回充米豆，供尚食及诸司官厨等料，并入京仓。四百万江淮回造米转入京，充官禄及诸司粮料。五百万留当州官禄及递粮。一千万诸道节度军粮及贮备当州仓”④。皇室和诸司食用米豆，京官禄米和诸司粮料为来自江淮的稻米，州级官员的禄米和递粮为粟，岁入粟数量的十分之四用于地方军粮和州仓储备粮。

随着麦作地位的提升，米麦成为宋代官员禄粟发放的主要形式。北宋熙宁四年（1071 年），宋廷提高了选人的俸禄：“县令、录事参军……旧请米麦三石者，并增至四石。司理、司法、司户、主簿、县尉……旧请米麦两石者，并增至三石。防、团军事推官，军、监判官……旧请米麦二石者，并增至三石。每月通增米麦三千七十余石。”⑤ 绍兴年间

---

① 黎虎：《汉唐饮食文化史》，北京师范大学出版社，1998，第 9 页。

② 王利华：《中古华北饮食文化的变迁》，中国社会科学出版社，2000，第 85—86 页。

③ 樊志民主编、卫丽分册主编《中国农业通史》第二卷《遒劲的农牧文明》，西北农林科技大学出版社，2017，第 183 页。

④ 杜佑：《通典》卷六《赋税下》，王文锦等点校，中华书局，1988，第 111 页。

⑤ 脱脱：《宋史》卷一七一《禄粟》，中华书局，1985，第 4121 页。

(1131—1162)，官员俸禄中的粮食实物为米麦，“绍兴折色：凡禄粟每石细色六斗（米麦中支。管军给米六分，麦四分）”①。隆兴元年（1163年），宋廷准许了尚书左仆射陈康伯、尚书右仆射史浩、同知枢密院事黄祖舜、张焘的减俸请求，规定：“左右仆射每月……粳米、小麦各一百二十二石五斗，内三分各已减一分，见各请八十一石六斗六升，今欲更各减二十石四斗一升。同知枢密院事每月……粳米、小麦各一百石，内三分各已减一分，见请六十六石六斗六升，今欲更各减一十六石六斗六升。”② 官员除了正式俸禄中禄粟外，还有以粮食形态发放的各种津贴，例如差遣添支粮、贴职添支粮、厨料米面、特支米及职田租等。③

金朝官俸中的粮食俸禄由粟、曲米、曲麦以及麦组成。根据《金史·百官志》记载：禄粟为粟和曲米、曲麦的官员有从一品至从五品的所有官员，以及正六品、从六品、正七品、正八品的外官。禄粟为粟和麦的官员包括正六品、从六品、正七品、正八品的朝官以及从七品、从八品、正九品、从九品的朝官和外官。④ 曲米麦作为官俸可说是金朝禄粟的特色，这可能与少数民族擅长饮酒的习俗有关。

三、军食马料中的麦作

麦作也成为军粮的主要来源。唐时麦饭是军粮的重要类别，府兵在战斗前要准备“麦饭九斗”⑤。开元二十六年（738年）三月丙申，唐廷

---

① 脱脱：《宋史》卷一七二《增给》，中华书局，1985，第4143页。

② 徐松辑《宋会要辑稿》职官五七之八一，刘琳、刁忠民、舒大刚等校点，上海古籍出版社，2014，第4602页。

③ 汪圣铎：《宋代官员俸禄和其他颁给分项考析》，《宋代社会生活研究》，人民出版社，2007，第182页。

④ 脱脱：《金史》卷五八《百官四·百官俸给》，中华书局，1975，第1339—1345页。

⑤ 欧阳修：《新唐书》卷五〇《兵志》，中华书局，1975，第1325页。

下诏："如闻宁庆两州小麦甚贱，百姓出粜，又无人粜……宜令所司与本道支使计会，每斗加于时价一两钱，粜取二万石，变造麦饭，贮于朔方军城。"① 宁州、庆州，麦贱伤农，唐廷增价购买二万石麦作，制作成麦饭，用作军粮。唐中书令李敬玄为元帅讨吐蕃时，"将军王杲、副总管曹怀舜等惊退，遗却麦饭，首尾千里，地上尺余"②。魏思温劝徐敬业起兵反武则天时说："山东豪杰以武氏专制，愤惋不平，闻公举事，皆自蒸麦饭为粮，伸锄为兵，以俟南军之至。"③ 但也可看到《通典》记载："自开元中及于天宝，开拓边境，多立功勋，每岁军用日增。其费粜米粟则三百六十万匹段。"④ 开元年间（713—741）和天宝年间（742—756），战事不断，用于购买军粮粟米的费用大增，军中消耗的粟米数量庞大。综合来看，唐时军粮包括粟、稻、麦，似乎是难分伯仲。

到宋代，米麦在军粮中的地位明显提高。宣和四年（1122 年），宋廷给以夔州路义军土丁、壮丁，"职级已上，冬赐绵袍，月给食盐、米麦、铁钱"⑤。南宋时川陕宣抚使司在兴元府和洋州等地进行屯营田，绍兴七年（1137 年）"今夏二麦并秋成所收近二十万硕，补助军储，以省馈饷"⑥。淳熙十年（1183 年），鄂州江陵府屯田所得"谷、麦共一十二万二千余石"⑦，存放在襄阳府宜城县仓厫。朝廷还曾在"金洋、兴元三

---

① 王钦若：《册府元龟》卷五〇二《平粜》，周勋初等校订，凤凰出版社，2006，第 5700 页。

② 张鷟：《朝野佥载》卷四，赵守俨点校，中华书局，1979，第 89 页。

③ 司马光：《资治通鉴》卷二〇三《唐纪十九》，中华书局，1956，第 6426 页。

④ 杜佑：《通典》卷六《食货六》，王文锦等点校，中华书局，1988，第 111 页。

⑤ 脱脱：《宋史》卷一九一《夔州路义军土丁、壮丁》，中华书局，1985，第 4743 页。

⑥ 徐松辑《宋会要辑稿》食货二之二〇，刘琳、刁忠民、舒大刚等校点，上海古籍出版社，2014，第 6003 页。

⑦ 徐松辑《宋会要辑稿》食货六三之五二，刘琳、刁忠民、舒大刚等校点，上海古籍出版社，2014，第 7640 页。

郡劝粜小麦三十万石”① 用作四川军粮。

宋廷保有一定数量的骑兵，稻麦是马料的重要来源。南宋行在的兵力主要是殿前司和侍卫步军司。乾道七年（1171 年），殿前司拥有“诸军战马共四千八百余匹”②；绍熙五年（1194 年）殿前司“应管战马一万七百匹为额”③；侍卫步军司在绍熙五年（1194 年）湖州下菰城放牧的战马为“二千五百六十五匹”④，行在的马匹数量为 7365 匹左右。绍兴年间（1131—1162），行在驻军马料“岁用大麦七十万斛”⑤。平均每匹马每年消耗的大麦数量等于所用大麦总数除以马匹的数量，计算可得一匹马一年消耗的大麦数量约为 95 石。

尚平在其博士论文《南宋马政研究》中估计，南宋马匹的数量大致为：“四川地区 1.3 万，临安附近 1 万，长江下游地区 1.5 万，长江中游地区 1.4 万，总计为 5.2 万匹左右……可以推测南宋的马匹不会超过 5 万匹太多，大致在 4 万至 5 万匹间。”⑥ 如果按照南宋拥有 4.5 万匹战马计算，那么每年消耗的大麦数量为 427.5 万石，数量是非常庞大的。而上述马匹数字主要是指战马，其他的马匹，比如驿站、骐骥院、御马院等的马匹，并没有统计在内。此外御马院的羊、驴也日供稻麦，绍兴二十八年（1158 年）六月二十三日，宋高宗始下诏：“除御马依旧支破本

---

① 脱脱：《宋史》卷三九七《刘甲传》，中华书局，1985，第 12 095 页。

② 徐松辑《宋会要辑稿》兵二一之三四，刘琳、刁忠民、舒大刚等校点，上海古籍出版社，2014，第 9066 页。

③ 徐松辑《宋会要辑稿》兵二六之六，刘琳、刁忠民、舒大刚等校点，上海古籍出版社，2014，第 9164 页。

④ 徐松辑《宋会要辑稿》兵二六之七，刘琳、刁忠民、舒大刚等校点，上海古籍出版社，2014，第 9164 页。

⑤ 李心传：《建炎以来系年要录》卷一八二，绍兴二十九年六月丁未，中华书局，1988，第 3029 页。

⑥ 尚平：《南宋马政研究》，博士学位论文，首都师范大学历史学院，2009，第 165—166 页。

色大麦外，其余羊、驴可改支稻谷。”① 可见，羊和驴也食用稻麦。绍兴三十年（1160 年）五月，朝廷拨给两浙转运司 10 万两内库银，让其收籴马料大麦。紧接着，又赐给江东转运司银两 7 万，收购了 20 万斛大麦。② 乾道六年（1170 年），宋孝宗专门派官员“收籴马料五十万硕……料以稻子、大麦”③。除了和籴，屯营田所得的稻麦也用于马料。如乾道四年（1168 年）六月二十四日，鄂州都统制、提举措置屯田赵樽等上奏言：“昨恭依指挥，差发官军前去安、郢屯田，以便军食。去岁夏秋两料收五万余石，其黑豆喂牛，大麦、稻谷充马料……今来安、郢两城修筑坚固，欲乞将已后屯田所收大麦、粟、稻置仓桩顿，五年之间，可积数十万斛，以备边陲有警，应期支遣。”④ 宋廷准许了这一建议。

金朝军粮中也包括麦作。金宣宗兴定元年（1217 年），金军与宋军在秦州作战：“是时三月，宿麦方滋，（完颜）阿隣留兵守之。”⑤ 金军将领等待麦熟后将其充作军粮。地方官员为在限期内完成收税任务，迫使农民在麦未熟时就进行收割，对此，元光元年（1222 年）金宣宗下令以影响军储的罪名进行严惩：“今麦将熟矣，其谕州县，有犯者以慢军储治罪。”⑥ 可见麦是军粮的一个重要品种。此外，麦还是军中常见的赏赐之物，天兴元年（1232 年）十月，“辛卯，上阅射于子城，中者赏麦有

① 徐松辑《宋会要辑稿》职官三二之五三，刘琳、刁忠民、舒大刚等校点，上海古籍出版社，2014，第 3839 页。

② 李心传：《建炎以来系年要录》卷一八五，绍兴三十年五月丙戌、戊子，中华书局，1988，第 3098 页。

③ 徐松辑《宋会要辑稿》食货四〇之五〇，刘琳、刁忠民、舒大刚等校点，上海古籍出版社，2014，第 6904 页。

④ 徐松辑《宋会要辑稿》食货三之一七，刘琳、刁忠民、舒大刚等校点，上海古籍出版社，2014，第 6022 页。

⑤ 脱脱：《金史》卷一〇三《完颜阿隣传》，中华书局，1975，第 2270 页。

⑥ 脱脱：《金史》卷四七《食货二·租赋》，中华书局，1975，第 1062 页。

差……戊戌，赐义军战殁被创者麦”[①]。贞祐四年（1216年），陕西、河南两地禁止粟麦过河，为防止屯兵众多的解州，出现军心不稳的状况，胥鼎希望朝廷“听其输贩，以纾解州之急”[②]，这一建议得到朝廷采纳。

四、酿酒中的麦作

麦作地位的提升还体现在其对国家财政的贡献方面。唐宋两朝都实行榷酒制度，而宋代的榷酒制渐趋完善，酒税在国家财政中的地位更加重要。唐大历末年，“通天下之财，而计其所入，总一千二百万贯，而盐利过半”[③]。榷盐收入大于酒利。宋代酒税的增长速度较快，从宋真宗景德年间（1004—1007）至宋仁宗庆历年间（1041—1048），40余年间，酒税增长4倍，而盐利增加2倍，酒税的增长速度超过盐税。[④] 李华瑞认为，南宋时期的酒课在国家货币总收入中的占比超过20%，“酒课自宋初以来，即是财政收入的重要组成部分，可以说，具有举足轻重的地位”[⑤]。

国家对酒利的依赖提高了酿酒原料的地位，也增加了其消耗量。唐宋时期稻米成为酿酒的主要原料，而小麦则是制曲的主要原料。[⑥] 唐初没有实施榷酒制，乾元元年（758年）“京师酒贵，肃宗以廪食方屈，乃禁京城酤酒，期以麦熟如初”[⑦]。粮食酒主要用米麦酿造，这种方式延续至今。乾道元年（1165年）正月，宋廷下诏“令两浙转运司每岁支供糯

---

① 脱脱：《金史》卷一八《金哀宗本纪》，中华书局，1975，第401页。

② 脱脱：《金史》卷一〇八《胥鼎传》，中华书局，1975，第2375页

③ 刘昫：《旧唐书》卷四九《食货下》，中华书局，1975，第2118页。

④ 李华瑞：《宋代酒的生产与征榷》，河北大学出版社，2001，第2页。

⑤ 李华瑞：《宋代酒的生产与征榷》，河北大学出版社，2001，第370页。

⑥ 李华瑞：《宋代酒的生产与征榷》，河北大学出版社，2001，第73页、第75页。

⑦ 欧阳修：《新唐书》卷五四《食货四》，中华书局，1975，第1381页。

米五千石”[①]供德寿宫酿酒之用。这只是供应宋高宗的酿酒之用，整个皇宫的用酒量可见一斑。各地州、府、军一级还设公使库造酒。绍兴三十年（1160年）八月七日，有臣僚上奏言，权贵把持了用来赡军的酒库，并在各地开设酒肆售酒，规模很大，“造麴用麦，动以数万斛计”[②]。《景定建康志》中记载，当地所征收正税小麦加上加耗共计3061石均用来酿酒。其中上元、江宁两县，府仓纳正小麦2000石，搭上加耗应副公使酒库造曲使用。句容、溧水、溧阳三县，仓纳正小麦1061石，搭上加耗，应副各县酒库曲使用。[③]朱熹曾与福建建宁守谈论崇安县酿酒的粮食消耗，“且云未论酝酿所耗，只今造曲，崇安郭内度费万斛，黄亭小市亦当半之，而乡村所损，又未在数……万斛之曲，将来所糜秫米又当以数万计。”[④]崇安县县城内就酿造酒曲1万斛以上，酿酒中米的用量是曲的数倍，所以“万斛之曲”需要消耗数万斛秫米，二者相加，可见酿酒的粮食消耗数量巨大。葛金芳估计南宋一年酿酒的耗粮为“一千万石左右”[⑤]，而南宋一年粮食总产为91 918万石，[⑥]酿酒耗粮占全年粮食产量的1%。如果按照1宋石等于今日的92.4斤[⑦]计算，则1000万宋石相当于今日的92 400万斤。

---

① 徐松辑《宋会要辑稿》食货二一之五，刘琳、刁忠民、舒大刚等校点，上海古籍出版社，2014，第6447页。

② 徐松辑《宋会要辑稿》食货二〇之二二，刘琳、刁忠民、舒大刚等校点，上海古籍出版社，2014，第6440页。

③ 周应合：《景定建康志》卷四〇《税赋》，《宋元方志丛刊》第2册，中华书局，1990，第1989页。

④ 朱熹：《朱熹集·朱熹集》卷二五《与建宁傅守札子》，尹波、郭齐点校，四川教育出版社，1996，第1063—1064页。

⑤ 葛金芳：《南宋手工业史》，上海古籍出版社，2008，第396页。

⑥ 葛金芳：《南宋全史（五）·社会经济与对外贸易》，上海古籍出版社，2012，第279页。

⑦ 漆侠：《宋代经济史》（上），南开大学出版社，2019，第144页。

五、其他方面

从农书记载的农作物中也可以看到麦作地位的提升。《齐民要术》中记载的农作物排序为粟、大小豆、麻、大小麦、水旱稻等。① 而唐代《四时纂要》中所记大麦的农事活动要多于粟和稻。② 宋代是中国古代农书发展的关键时期，《禾谱》记述了北宋时江西泰和的水稻品种，“是中国第一部水稻品种专志，它是北宋时期江西水稻农业高度发展的产物。”③ 南宋陈旉的《农书》是我国现存第一部专门谈论南方水稻区农业技术的农书，④ 书中记述了麦、粟的耕种，适合麦作种植的土地要广于粟，麦作不仅能够在旱地种植，还可以和稻形成稻麦轮作，这是粟所没有的优势。

从上述几方面来看，唐宋时期麦作完成了从杂粮到主粮地位的提升。不过，北方地区是麦一粟二，南方地区是稻一麦二。

---

① 贾思勰：《齐民要术今释·目录》，石声汉校释，中华书局，2009，第 2 页。

② 曾雄生：《麦作在中国的本土化历程——从粮食作物结构的演变看原始农业对中华文明的影响》，CCAST“原始农业对中华文明形成的影响”研讨会论文，北京：2001，第 127 页。

③ 曹树基：《〈禾谱〉》及其作者研究》，《中国农史》1984 年第 3 期，第 91 页。

④ 陈旉：《陈旉农书校注·评介》，万国鼎校注，农业出版社，1965，第 9 页。

第四章 南宋麦作租税问题再探

南宋时期麦作在长江以南地区得到广泛推广，而免“麦租”一度被认为是麦作得以广泛推广的重要原因，例如韩茂莉、曾雄生、李根蟠等均持此种见解。[①] 对此，方健在《南宋农业史》中提出了相当有建设性的意见，对南宋“种麦不输租课”这一说法提出了质疑。[②] 由河北大学宋史研究中心组织，漆侠先生主编的《辽宋西夏金通史·社会经济卷》在列举了南宋不收麦租的史料后总结：“上述不收麦租的记录大体限于南宋的东半部，而四川的情况不明。”并认为：“即使就东半部而言，也同样有麦租记录。”[③] 李文涛指出南宋时期江南地区麦作扩大的根本原因在于麦作供给军需马料，因此朝廷需要向民户征收麦租。[④] 可惜的是李文涛就“麦租”问题并未展开论述。南宋时期，就全国而言，作为一项重要的土地收入，政府并没有放弃夏税麦作，田主也没有放弃麦租。麦作

---

① 韩茂莉：《论宋代小麦种植范围在江南地区的扩展》，《自然科学史研究》1992 年第 4 期，第 353—357 页。曾雄生：《麦作在中国的本土化历程——从粮食作物结构的演变看原始农业对中华文明的影响》，CCAST“原始农业对中华文明形成的影响”研讨会论文，北京：2001，第 125—140 页。曾雄生：《析宋代“稻麦二熟”说》，《历史研究》2005 年第 1 期，第 86—106 页。李根蟠：《再论宋代南方稻麦复种制的形成和发展——兼与曾雄生先生商榷》，《历史研究》2002 年第 2 期，第 99—101 页。

② 方健：《南宋农业史》，人民出版社，2010，第 421—422 页。

③ 漆侠主编《辽宋西夏金代通史·社会经济卷》，人民出版社，2011，第 198 页。

④ 李文涛：《宋代江南麦作几个问题的思考》，《历史教学》2010 年第 10 期，第 18—23 页。

的租税情况实际上并没有呈现出太多的特殊性。免“麦租”具有临时性，而免除麦作流通过程中的商税却具有持续性。在所有官田租中几乎都有麦租记录，夏税麦作在《宋元方志丛刊》中也是不可或缺的赋税项目，另外在政府征收的各种附加税，特别是折变中也屡屡看到麦作的身影。

第一节　麦作免租税考

一、免麦租和免麦税

麦作租税包括租和税两项，租是佃户上交田主的麦租，税包括民户上交政府夏税中的麦作和麦作流通过程中的商税。其中免“麦租”和夏税具有临时性。南宋时期，因为国土面积的减少和人口的增加，对粮食的需求激增，南宋政府积极鼓励农业生产，其中就包括鼓励麦作的种植，而免“麦租”一度被认为是南宋政府鼓励种植麦作的一项重要优惠政策。关于这个问题，方健在《南宋农业史》中专门进行了考辨，结论是：“所谓不交麦租，也许仅是鼓励种麦或遇灾荒时蠲免的短期行为……而佃户无论租种官私之田，所谓不交租课，就更是子虚乌有，仅在特定时间、地点，由于特殊原因而暂免‘麦租’而已。”① 对此，笔者非常赞同。而对于部分史料的解读，笔者想补充一点自己的看法，在谈到免“麦租”的实际受益者时，方健引用了下面这则史料：

> 绍兴二十年（1150 年）七月，庐州知州吴逵言：“土豪大姓、诸色人就耕淮南，开垦荒闲田地归官庄者，岁收谷麦两熟，欲只理

① 方健：《南宋农业史》，人民出版社，2010，第 421—422 页。

一熟。如稻田又种麦，仍只理稻。其麦，佃户得收。（稻）桩留次年种子外，作十分，以五分归佃户，五分归官。初开垦以九分给佃户，一分归官。三年后岁加一分，至五分止。即不得将成熟田作开垦荒田一例施行。所有差税役钱，令倚阁，仍将开耕官田每顷别给菜田二十亩，所收课子不在均分入官之限。”①

方健认为佃户是租种土豪大姓（即二地主）土地的民户，并认为：“免‘麦租’很大程度上也仅是‘二地主’们受惠而已，可以想见官府的优惠并未真正落实到从事耕作的贫下户或客户（佃农的主要身份）身上。”②笔者则认为“佃户”在史料中指的是“土豪大姓”及“诸色人”。“土豪大姓”们将自己承佃来的官田转租给其他民户，这些承租土豪大姓土地的民户，当然需要给土豪大姓交纳田租。此外，“诸色人”等应该不排除可以自己耕种土地的自耕农，这部分自耕农直接从政府手中租种土地，是可以直接享受麦作一定时期内免租的优惠政策。这部分自耕农在佃户中所占的比例，因为史料的原因，无法做出准确的判断，但不能排除这部分自耕农的存在。

以下为南宋时期的督麦诏，从中我们可以发现一些问题。

（1）乾道七年（1171 年）二月四日，朝廷下诏，令扬州知州晁公武和庐州知州赵善俊，“子细契勘（所部州军）所种二麦”③。

（2）乾道九年（1173 年），钱端礼“奉御笔”督促守令，“多方劝

① 徐松辑《宋会要辑稿》食货六三之一一七至一一八，刘琳、刁忠民、舒大刚等校点，上海古籍出版社，2014，第 7673—7674 页。

② 方健：《南宋农业史》，人民出版社，2010，第 423 页。

③ 徐松辑《宋会要辑稿》食货六三之二一八，刘琳、刁忠民、舒大刚等校点，上海古籍出版社，2014，第 7728 页。

诱，广种二麦”①。

（3）淳熙元年（1174年）二月七日，宋孝宗“令江东西等路（湖南北、京西、两浙东西路）开具所种二麦诏”②。

（4）淳熙六年（1179年）二月十五日，朝廷要求州县：“每俾民多种二麦，至籍其顷亩具簿册，以干御览。”③

（5）淳熙七年（1180年），十月，宋孝宗应司马伋“劝民种麦”之请，诏“江东西、湖南北、淮东西路帅漕，官为借种及谕大姓假贷农民广种，依赈济格推赏，仍上已种顷亩，议赏罚”④。

（6）淳熙八年（1181年）五月三日，又下诏曰：“乃者得天之时，蚕麦既登，及命近甸取而视之，则穗短茧薄，非种植风厉之功有所未至欤！……朕将稽奉行之勤惰，诏赏罚焉。”⑤

（7）淳熙九年（1182年）四月五日，下诏令两淮地区的帅臣和监司，详细上报本路二麦的长势和雨水的分数。⑥ 五月十一日，又诏各路帅臣、漕臣和提举常平司“疾速行下所部州县，多出文榜劝谕人户，趁时广种二麦”⑦。

---

① 徐松辑《宋会要辑稿》食货六三之二二一，刘琳、刁忠民、舒大刚等校点，上海古籍出版社，2014，第7730页。

② 徐松辑《宋会要辑稿》食货六三之二二二，刘琳、刁忠民、舒大刚等校点，上海古籍出版社，2014，第7730—7731页。

③ 韩元吉：《南涧甲乙稿》卷一八《又劝农文》，刘云军点校，中国社会科学出版社，2022，第337页。

④ 脱脱：《宋史》卷一七三《食货上一》，中华书局，1985，第4175页。

⑤ 徐松辑《宋会要辑稿》食货六三之二二三，刘琳、刁忠民、舒大刚等校点，上海古籍出版社，2014，第7731页。

⑥ 徐松辑《宋会要辑稿》食货六三之二二四，刘琳、刁忠民、舒大刚等校点，上海古籍出版社，2014，第7732页。

⑦ 徐松辑《宋会要辑稿》食货六三之二二四，刘琳、刁忠民、舒大刚等校点，上海古籍出版社，2014，第7732页。

(8) 绍熙五年(1194年)九月二十八日,下诏令两浙、两淮路提举司,用常平钱收籴麦种,“疾速赈贷(灾伤去处)施行,毋致有失布种”①。

(9) 嘉定八年(1215年)六月二十八日丙辰,朝廷下诏:“两浙、江淮路谕民杂种粟麦麻豆,有司毋收其赋,田主毋责其租。”②

通过梳理这些督麦诏,我们发现乾道七年(1171年)至嘉定八年(1215年)40余年中,除了嘉定八年(1215年)之外,其他年份的督麦诏,并未提到对麦作免租的优惠。以上督麦诏提到了通过官贷和民贷等方式解决麦种问题,将麦作推广程度作为官员考核内容,皇帝还很关注麦作的长势情况,可见朝廷督麦的急迫心情。但是免“麦租”这样具有吸引力的优惠政策在40余年中却只出现了一次,这与朝廷鼓励麦作种植的急迫心情似乎不相匹配。而且嘉定八年(1215年)的诏令中虽然免除了麦作赋税和麦租,但享受优惠的地区却只限于两浙、江淮,并未囊括其他路。说明朝廷并没有将免“麦租”作为一项长期而又惠及全国的优惠政策推行下去。

值得注意的是朝廷在对麦作减免租税的同时也往往减免其他作物的租税。绍兴二十九年(1159年),由于水灾和蝗灾,朝廷下诏将两浙路和江南路的租税“尽蠲之。自是水旱、经兵,时有蠲减”③。乾道九年(1173年),朝廷下诏曰:“江西路江、筠州、隆兴府、临江、兴国军……其逐州军营田谷麦,乾道六年(1170年)以前残欠、并乾道七年

---

① 徐松辑《宋会要辑稿》食货六八之九六,刘琳、刁忠民、舒大刚等校点,上海古籍出版社,2014,第8006页。

② 脱脱:《宋史》卷三九《宁宗三》,中华书局,1985,第762页。

③ 脱脱:《宋史》卷一七四《食货上二》,中华书局,1985,第4217页。

(1171年)实系旱伤未纳之数……可并予尽数蠲放。”① 还有针对特定区域的减免。绍兴五年(1135年),宋金交界的两淮之地,由于战火,荒地很多。为了鼓励垦荒,恢复生产,淮东宣抚使司参谋官陈桷请求:“因地土所宜种,麻粟稻麦,一切听之,无问租税。”② 绍兴十四年(1144年),朝廷免除了“永、道、郴州、桂阳监、茶陵县民丁身钱绢米麦”③。

此类史料可谓比比皆是,而其共同特点在于麦作的租税并未单独蠲免,而通常是与其他粮食作物等相提并论,作为饥荒年份或是鼓励农田开垦的优惠政策,麦作并不具有较高程度的特殊性。

因此我们不难得出一个这样的结论:麦作免租税虽是官府鼓励种植麦作的一项优惠政策,但其具体实施情况不应该被高估,能够享受到麦作免租税的民户并不占主流地位,单单针对麦作的免租税的时间和区域也是有限的。朝廷虽鼓励麦作的种植,但是面对现实的需求和财政压力,并未放弃麦作的租税收入,只是通过特定时间、特定区域的优惠来吸引民户种植麦作,并通过积极解决麦作种植过程中的问题来推广麦作。朝廷鼓励麦作的种植,其最终目的之一,是增加政府的财政收入。

二、宋廷免除麦作“过税”

宋朝商税的征收分为两种,即过税和住税:“行者赍货,谓之‘过税’,每千钱算二十;居者市鬻,谓之‘住税’,每千钱算三十,大约如此。然无定制,其名物各随地宜而不一焉。”④ 相对于麦作免租税的特定

---

① 徐松辑《宋会要辑稿》食货六三之三三,刘琳、刁忠民、舒大刚等校点,上海古籍出版社,2014,第7630页。

② 李心传:《建炎以来系年要录》卷八七,绍兴五年三月辛卯,中华书局,1988,第1444页。

③ 李心传:《建炎以来系年要录》卷一五二,绍兴十有四年冬十月己亥,中华书局,1988,第2453页。

④ 脱脱:《宋史》卷一八六《食货志》,中华书局,1985,第4541页。

性和临时性，减免麦作流通过程中的商税即“过税”，却是一项法律规定，并得到南宋政府的认真执行。南宋时期，粮食商品化程度增高，而朝廷免除粮食流通过程中的商税政策，就更加刺激了粮食的流通。《庆元条法事类》规定：“诸客贩谷米面麦及柴，辄收税并收船力胜者，徒二年，（乞取赃重者，自从重）仍许客人经监司越诉。”① 如果违反规定，收了税和力胜钱，就要受到惩罚，并允许客人越诉，以此来保障谷米面麦免商税政策的实施。仔细梳理关于南宋粮食免商税的史料，我们还可以进行进一步的划分：

针对特定区域的免商税。高宗建炎元年（1127 年）诏“贩货上京者免税”，明年又诏“贩粮草入京抑税者罪之”，绍兴三年（1133 年）“又以税网太密……至于牛、米、薪、面民间日用者并罢（税）”。② 主要是减免贩运到京粮食的商税。乾道六年（1170 年）正月十三日，宋廷下诏：“沿江诸郡税场，今后商贾所载物货如系茶、盐、米、麦、面、铜钱，敢有违法收税者，许商贾越诉，监司按劾以闻，将监临官并专拦等人重置典宪。”③朝廷严禁长江沿岸的税场对米麦面等货物收税，并允许商人越诉，监司核查无误的话，将严惩监临官和专拦等人。此外，朝廷还对贩运到历经战火地区的米麦实行免商税政策。绍兴五年（1135 年）正月十五日，朝廷规定：“残破州军收复之初，务要商旅通行。贩卖耕牛、米麦应经由去处，特与免税。”④ 嘉定二年（1209 年）九月十日明堂

---

① 谢深甫：《庆元条法事类》卷三六《库务门一》，杨一凡、田涛主编，戴建国点校，《中国珍稀法律典籍续编》第 1 册，黑龙江人民出版社，2002，第 548 页。

② 脱脱：《宋史》卷一八六《食货下》，中华书局，1985，第 4546 页。

③ 徐松辑《宋会要辑稿》食货一八之四，刘琳、刁忠民、舒大刚等校点，上海古籍出版社，2014，第 6375 页。

④ 徐松辑《宋会要辑稿》食货一七之三五，刘琳、刁忠民、舒大刚等校点，上海古籍出版社，2014，第 6365 页。

赦文言："淮民乍离兵革，饥馑荐臻，全借客人运到米麦及竹木等为续食营造之计，访闻所过州县暴征苛取，遂致商贾不行。自今客舟如往两淮兴贩，所过场务米麦不得收税。"① 三年后，免商税政策扩展到荆襄地区。经历战火的民众，全靠商人贩运的米麦得以"续食"，可是商人所过州县却横征暴敛，导致"商贾不行"，朝廷下旨严厉禁止所过场务对米麦收税，更加不允许其巧立名目收税，以保障当地民众有米麦可食。

针对麦作特定交换方式的免商税。《庆元条法事类》中规定："诸客贩谷米面麦及柴者，其税并船力胜钱并免，即以炭及草木博籴粮食者准此。仍不得于牙人名下收钱。"② 这段史料中提到了一种购买粮食的方式，是以物易物的情况，即用炭及草木和粮食进行交易的，不收税和力胜钱，并且不允许借牙人之名收钱。

为确保粮食流通免商税政策真正落到实处，朝廷还很重视政策的实施过程，除了严惩违反政策的官员，还免除了变相征收米面商税的名目。绍兴二十四年（1154 年），将作监丞钱端英言："昨蠲米麦之征，而州县尚收力胜袋皮等钱，乞令监司觉察。从之。"③嘉定八年（1215 年），真德秀在池州巡历时发现大通监税承节郎李扬，"巧立名色，虚喝数目以取赢"，最后宋廷对李扬等进行了降一官资的处分。④淳祐六年（1246 年）二月，知庆元军府事兼沿海制置副使颜颐仲言："（本府濒海之地）有所谓艚头钱……以至竹木薪炭莫不有征，豆麦果蔬亦皆不免，名为抽解，

① 徐松辑《宋会要辑稿》食货一八之二四，刘琳、刁忠民、舒大刚等校点，上海古籍出版社，2014，第 6385 页。

② 谢深甫：《庆元条法事类》卷三六《库务门一》，杨一凡、田涛主编，戴建国点校，《中国珍稀法律典籍续编》第 1 册，黑龙江人民出版社，2002，第 551 页。

③ 李心传：《建炎以来系年要录》卷一六七，绍兴二十有四年秋七月丙辰，中华书局，1988，第 2722 页。

④ 真德秀：《西山先生真文忠公文集》卷一二《申尚书省乞将乐平大通监税镌罢》，《宋集珍本丛刊》第 76 册，线装书局，2004，影印本，第 145 页。

实则攫笊。”[①] 希望朝廷予以免除。抽解是对港口进出口货物收的钱，渔民不种豆麦，豆麦应该是买来的。政府多次下诏免了米麦流通的商税和力胜税，滨海之地还要收米麦出入港口的税。但从史料中我们也可以看到，“米麦之属在法不许收税”的法令，应是定制。

面对法令在实施过程中遇到的阻力，宋廷采取了多种应对措施：

> 绍兴二十六年五月十一日，臣僚言：“商税近年以来，朝廷节次行下放免米麦……而不曾与减退税务课额，仍更立赏，督责州县……税额既重大，而又米麦之类并免税，则其他物货凡到税务者，必致重枉……”上曰：“此说极有理。如米麦之属，民所食用者，既与免放，若不量减年额，则必巧作名目，重敛以求敷数，反为民害。可依所乞，（今）[令] 户部立法施行。”
>
> 七月十七日，尚书省言：“已降指挥：将诸路税务连接去处裁酌减并，以宽商贾，仍许豁除税额。切虑州县将所减额，却于其他场务增添，致收税愈重。及将来文于减并去处，暗差栏头之类拘栏邀阻，合行约束。”诏令诸路转运司常切检察约束，将违戾官吏按劾，申尚书省重作施行，仍许民户越诉。[②]

为防止米麦减税后州县将所减免税额增至其他货物，宋廷在减免米麦商税的同时，也减免了税额，同时加强对官员的监督，允许民户越级上诉，严惩违规官员。

---

① 胡榘：《宝庆四明志》卷二《钱粮》，方万里、罗浚纂，《宋元方志丛刊》第 5 册，中华书局，1990，第 5017 页。

② 徐松辑《宋会要辑稿》食货一七之四三至四四，刘琳、刁忠民、舒大刚等校点，上海古籍出版社，2014，第 6369—6370 页。

南宋一朝，政府还是比较积极推行米麦等粮食作物在流通过程中的免商税政策的，并且不断完善相应的细节，面对一些地方巧立名目的收税项目，也能做出予以免除的果断决策，这些措施都推动了南宋粮食的流通。另外，我们也看到，免商税的对象应该是所有粮食作物，与麦作免租的情况相类似，朝廷并未单独强调麦作的特殊性，而是往往米麦并举，这也说明在南宋时期麦作已经成为重要性仅次于稻米的农作物。

第二节　官田中的麦租

南宋的田地可以划分为官田和民田，其中纳租的是官田，交税的是民田。需要说明的是："佃户（包括主户中的下户及客户）租种民田，通常也起租……佃户也经常、大量租种各类官田。"[①] 本文主要探讨佃户租种官田收麦租的情况。

南宋的官田主要有屯田、营田、职田、学田、水利田（圩田、湖田、滩涂田、芦荡地）等。下面将分别论述。

屯田，《数书九章·宽减屯租》涉及屯田租问题："问屯租欲议宽减，仍听以夏麦折纳分数，官牛种者，与减二分，私牛种者，与减四分。每岁租谷，以三分之一许夏折二麦，内四分大，六分小。折色每大麦三石，折小麦二石，小麦二石折谷三石五斗。屯租旧额官种一石纳租五石，私种一石纳租三石。今某州屯田，去年……合收租谷三万九千五百八十六石，欲知官私种各数目元额今减合催成年夏麦秋谷租各几何?"[②] 题中没有明确屯田的地点，但是可以得知此地屯田租，用夏麦折纳的方式应是惯例。全年的租谷采取夏收麦、秋收谷的方式，夏麦占据租谷的三分之

① 方健：《南宋农业史》，人民出版社，2010，第83—84页。

② 秦九韶：《数书九章》卷一〇《宽减屯租》，商务印书馆，1937，第243—244页。

一，其中四分折成大麦，六分折成小麦，大麦、小麦、谷折纳的比例是3∶2∶3.5。通过计算，宽减后，需要上交大麦3299石、小麦3299石。如果不进行计算，只看题目似乎是大麦比小麦上交的数量要更多，因为“大麦三石，折小麦二石”，但是折纳中“四分大，六分小”的占比，就减少了大麦的份额，计算的结果是大麦和小麦数量相等。

营田，绍兴二年（1132年）七月九日，德安府、复州、汉阳军镇抚使陈规言，营田中的“水田一亩赋粳米一斗，陆田赋豆、麦各五升，满二年无欠输，给为永业”①。第二年（1133年），结合陈规的建议，左司员外郎张纲等提出了更加详细的营田措施：“今看详：欲下诸路安抚、镇抚使依仿陈规立到租课数目，更切参详本镇地土瘠肥，官司曾无借给牛具、种粮，及岁事丰荒，土俗所便，随所收种斛斗，临时增减着中数目拘收租课，务要便民。”② 营田租的收纳要根据土地的肥瘠，官府的投入、当地风俗、所种作物的品种等来增减租额，“务要便民”。乾道六年（1170年）六月十三日，户部侍郎、江浙荆湖淮广福建等路都大发运使史正志上奏，浙西路的营田数，除秀州嘉兴县外，没有承租出去的亩数“共计七十六万三千余亩。若召人承佃，可收稻麦一十二万硕”③。嘉定十七年（1224年）正月二十六日，宁宗下“淮东西湖北召募耕垦营屯田事诏”，严督所部州军多方措置，积极耕种田地，对于屯田和营田所收稻麦一定严加管理，“具入月账，毋令侵移失陷”。④ 虽然没有提到所收稻

① 李心传：《建炎以来朝野杂记》甲集卷一六《屯田》，徐规点校，中华书局，2000，第346页。

② 徐松辑《宋会要辑稿》食货六三之九〇，刘琳、刁忠民、舒大刚等校点，上海古籍出版社，2014，第7659页。

③ 徐松辑《宋会要辑稿》食货六一之八五，刘琳、刁忠民、舒大刚等校点，上海古籍出版社，2014，第7492页。

④ 徐松辑《宋会要辑稿》食货六三之一六〇，刘琳、刁忠民、舒大刚等校点，上海古籍出版社，2014，第7696页。

麦的占比，但营田收麦租是肯定的。《景定建康志》中有专门的《营租》一项，记载："今其租入隶于总领所，建康五县田地……以麦计者五十六石八斗四升二合三勺。"①

省庄田，四川的省庄田，除了缴纳二税外，还要缴纳"大小麦、豆、糙白米、谷、桑"等18种租课②，这种租课世代沿袭，已经成为惯例。

学田，无锡县（今江苏无锡市）的学田征收麦租，"扬名乡一段，私高田，元二丘，三亩二角段内……檶白米一石六斗，大麦六升，小麦一斗四升。兴道乡一段，私高田一亩三角……每亩檶白米九斗，麦二斗。"③ 扬名乡有高田三亩二角，收米租16斗，麦租1斗，平均每亩收租5.3斗，其中麦租0.3斗；兴道乡有高田一亩三角，收米租9斗，麦租2斗，平均每亩收租8.4斗，其中麦租1.5斗。兴道乡的学田租要远远高于扬名乡，特别是麦租，几乎是5倍之差。绍兴二十八年（1158年），知荆门军洪适上奏："相度本军长林县，岁催学粮没官田，米麦二百石有畸，而两县（当阳县和长林县）岁催常平户绝田，米麦八百石有畸。"④ 可见，学粮田和户绝田等官田的岁租中有米有麦。《景定建康志》记载当地学田"核其田之在属邑，募民耕者千九百一十五亩，岁人其赋，为米若豆与麦五百四十斛"⑤。《淳熙三山志》中记载当地的赡学田，"收

① 周应合：《景定建康志》卷四一《田赋志二・营租》，《宋元方志丛刊》第2册，中华书局，1990，第1998页。

② 李心传：《建炎以来朝野杂记》甲集卷一六《财赋三・省庄田》，徐规点校，中华书局，2000，第345—346页。

③ 缪荃孙：《江苏金石志》卷一七《无锡县学淳祐癸卯续增养士田记》，新文丰出版公司，1986，第7395页。

④ 洪适：《盘州文集》卷四九《荆门军奏便民五事状》，《文渊阁四库全书》第1158册，商务印书馆，1986，影印本，第570页。

⑤ 周应合：《景定建康志》卷二八《儒学志一・本朝兴崇府学》，《宋元方志丛刊》第2册，中华书局，1990，第1799页。

租豆麦杂子一百三十四石五斗八升”①。根据《庆元条法事类》规定：“诸寺观（后妃、臣僚之家坟寺、功德观院同）田产不得免税租，其税租亦不得免支移、折变止纳见钱，虽奏请到朝旨或奉特旨并准此。”② 由此可知，寺观等土地是不能免税租的。

职田，《嘉定镇江志》卷四《田赋》详细记述了本地职田的收租情况，其中有关麦租的记载：“丹徒县夏料：大麦一十石，小麦八十一石，秋料：租米一千八石。丹阳县夏料：大麦一石，小麦五十九石，秋料租米：八百四十一石。金壇县夏料：小麦八十三石，秋料：租米一千一百一十三石。”③ 虽然与租米的数额有着很大的差距，但是职田收麦租亦是肯定的。

包占田，是民户自己开垦多年的熟田，本不在官府税田之列。淳熙十三年（1186 年）十一月，湖广总领赵彦逾等奉旨核查襄阳的包占田，最后核实民户有 914 顷土地，其中内田共 181 顷有奇，包占田 733 顷，不交赋税的包占田占了当地田亩的 80%，这对政府来说是很大的损失，也是绝对不容许的。至于怎样处理这些包占田，赵彦逾认为，可以对这些包占田收租：“每一亩夏收麦租三升，秋收粳粟三升，每亩岁收六升，一岁共收租子 4397 石有奇。”④ 以后还要逐年增加租税。乾道六年（1170 年）二月八日，臣僚言：“浙西、江东、淮东路诸处沙田、芦场多

① 梁克家：《淳熙三山志》卷一二《版籍类三·赡学田》，《宋元方志丛刊》第 8 册，中华书局，1990，第 7885 页。

② 谢深甫：《庆元条法事类》卷四八《赋役门二》，杨一凡、田涛主编，戴建国点校，《中国珍稀法律典籍续编》第 1 册，黑龙江人民出版社，2002，第 667 页。

③ 卢宪：《嘉定镇江志》卷四《田赋·职田》，《宋元方志丛刊》第 3 册，中华书局，1990，第 2345 页。

④ 徐松辑《宋会要辑稿》食货六之二八，刘琳、刁忠民、舒大刚等校点，上海古籍出版社，2014，第 6101 页。

系有力之家请佃，及有包占宽剩亩步。”① 其中已经承佃的土地，所收租税，各地不一致，而包占田未曾起理租课，官府利益受损，所以派专人进行核查，重新“立租佃例输纳……人户日前曾有立定所租田地，比今来等第已高者，合依旧数送纳，其旧额低于新立者租税，即合依新立”，可以将实物折成钱缴纳，“以米一斗折钱三百，小麦每斗折钱一百五十”。② 我们看到新例的原则是就高不就低，原来所纳租税高于新例的，按照原来的数额输纳，原来数额低于新例的，按照新例的数额输纳。

沙田，乾道元年（1165年）九月三十日，措置浙西江东淮东路官田所条具：“沙田见令起催小麦……沙地并纳大麦。”③ 沙田和沙地也开始缴纳麦租了。

义庄田，官府将义庄田上收的租米麦，换成钱来助学：“本年发粜田上旧租米麦解到价钱一十二万余贯，发下提督府学钱粮。”④

圩田，景定二年（1261年），江东转运司根括到建康府上元、溧水两县的吴府圩田租数，“岁计……租麦一十四石五斗九升五合”⑤。将这部分收入交由淮西总领所支配。

---

① 徐松辑《宋会要辑稿》食货一之四五，刘琳、刁忠民、舒大刚等校点，上海古籍出版社，2014，第5976页。

② 徐松辑《宋会要辑稿》食货一之四五，刘琳、刁忠民、舒大刚等校点，上海古籍出版社，2014，第5977页。

③ 徐松辑《宋会要辑稿》食货一之四四，刘琳、刁忠民、舒大刚等校点，上海古籍出版社，2014，第5975—5976页。

④ 周应合：《景定建康志》卷二八《儒学志一·立义庄》，《宋元方志丛刊》第2册，中华书局，1990，第1809页。

⑤ 周应合：《景定建康志》卷四一《田赋志二·圩租》，《宋元方志丛刊》第2册，中华书局，1990，第1999页。

第三节 赋税中的麦税

南宋时期仍然沿用北宋时期的两税制，其中夏税种类很多，包括绢、绸、麦等，作为粮食税的麦作虽然并不占主要地位，且与秋税中的稻米数量无法相提并论，但是似乎也是不可或缺的一项。

表 4-1 夏税中的麦税统计表

<table>
<tr><th>地区</th><th>时间</th><th>夏税（单位：石）</th><th>史料来源</th></tr>
<tr><td>两浙路·镇江府</td><td rowspan="4">宋宁宗嘉定年间(1208—1224)</td><td>大麦：9752 小麦：6314</td><td rowspan="4">《嘉定镇江志》卷五《夏税》</td></tr>
<tr><td>丹徒县</td><td>大麦：3434 小麦：3243</td></tr>
<tr><td>丹阳县</td><td>大麦：3201 小麦：3034</td></tr>
<tr><td>金坛县</td><td>大麦：3117 小麦：37</td></tr>
<tr><td>两浙路·常州</td><td rowspan="5">宋理宗宝祐年间(1253—1258)</td><td>大麦：旧额 99 604.8
实收 54 937.958 1
小麦：旧额 11 996.954 6
自修明经界后，9 994.915 53</td><td rowspan="5">《咸淳重修毗陵志》卷二四《财赋·马料》《财赋·小麦》</td></tr>
<tr><td>晋陵县</td><td>大麦：13 350.11
小麦：旧额 2 532.849
自修明经界后，2 509.954 93</td></tr>
<tr><td>武进县</td><td>大麦：10 558.526 8
小麦：旧额 2 074.298
自修明经界后，1 849.363 1</td></tr>
<tr><td>无锡县</td><td>大麦：12 179.835 5
小麦：旧额 3 719.619 9
自修明经界后，2 757.879 8</td></tr>
<tr><td>宜兴县</td><td>大麦：18 849.485 8
小麦：旧额 3 670.187 7
自修明经界后，2 877.717 7</td></tr>
</table>

续表 1

地区	时间	夏税（单位：石）	史料来源
两浙路·临安府	宋度宗咸淳年间（1265—1274）		《咸淳临安志》卷五九《贡赋》
富阳县		小麦：622.29	
盐官县		折变小麦 86.726	
两浙路·绍兴府	宋宁宗嘉泰年间（1201—1204）	折税绢麦：6 699.361	《嘉泰会稽志》卷五《赋税》
山阴县		折税绢麦：1 633.34	
嵊县		折税绢麦：209.5	
诸暨县		折税绢麦：720	
萧山县		折税绢麦：1 104.99	
余姚县		折税绢麦：1 642.796	
上虞县		折税绢麦：1 289.95	
新昌县		折税绢麦：97.785	
两浙路·庆元府	宋理宗宝庆年间（1225—1227）	折麦：元额 5 290.846 6 宝庆间，正麦 2 449.933 义仓麦：240.493 3	《宝庆四明志》卷五《叙赋》
鄞县		绢、绸、绵，三项科麦 1 486.778 8	
奉化县		绢、绸、绵，三项科麦 516.611 1	
慈溪县		绢、绸、绵，三项科麦 642.334	
江南东路·建康府	宋理宗景定年间（1260—1264）	小麦：3 061.122	《景定建康志》卷四〇《税赋》
上元县		小麦：1500	
江宁县	宋理宗景定年间（1260—1264）	小麦：500	
句容县		小麦：445.755	
溧水县		小麦：329.99	
溧阳县		小麦：285.377	

续表 2

地区	时间	夏税（单位：石）	史料来源
江南东路·徽州	宋孝宗淳熙年间（1174—1189）	小麦：6 033.156	《新安志》卷二《叙贡赋》
歙县		小麦：2 752.859	
休宁县		小麦：1 847.737	
祁门县		小麦：0.27	
绩溪县		小麦：833.171	
黟县		小麦：598.119	
福建路			
兴化军·仙游县	宋理宗宝祐年间（1253—1258）	岁额：麦 829.12	《宝祐仙溪志》卷一《财赋》
福州	宋孝宗淳熙年间（1174—1189）	夏税产钱折科小麦：1500	《淳熙三山志》卷一〇《版籍类一》

南宋地方志主要涵盖两浙路、江南路和福建路，其中两浙路占据绝大多数。所以表格中的史料也只涉及这些地区，虽然各路的史料分布不均，但是都有夏税麦作的记载，从上表中我们可以得知：

夏税麦作的具体内容呈现出一定的差异性：两浙路的镇江府和常州夏税包括大麦和小麦，而且大麦的征收只存在于这两地。临安府的两个县的夏税麦作呈现两种征收方式：小麦和折科。绍兴府是折税绢麦。庆元府是绢、䌷、绵三项折麦征收，还有义仓麦。江南东路只有小麦的征收，其中建康府指出征收的小麦用于酒库造曲使用。江南东路的徽州，征收种类颇多，有正麦、钱麦、义麦等。福建路仙溪县的夏税麦作种类主要包括岁额、畸零钱和义仓钱，最终以实物形式上交。福州产钱折科成䌷、裈布和小麦。

从税额看，各地也存在一定差异。两浙路镇江府金坛县大麦的税额与府内丹徒县、丹阳县相当，均为3000多石，但其小麦征收却远低于两县的3000多石，仅有37石。常州的大麦税额旧额将近10万石，实收5万多石，数量减少将近一半，但仍是所列表格中税额最多的州，其下辖晋陵县、武进县、无锡县、宜兴县均达到1万多石；小麦旧额1万多石，实收9000多石，变化不大。绍兴府七个县的折税绢麦总额6699石，不及常州一个县的数量，且其中嵊县、诸暨县、新昌县三个县的折税绢麦均不及1000石，尤其新昌县仅97石。江南东路只有建康府小麦征收总量3000多石，其中上元县小麦征收达到1500石，差不多占到整个建康府的一半，其他各县均在500石以下。江南东路徽州歙县、休宁县小麦征收数量为一两千石，而祁门县征收麦作只有0.27石，是最少的地区。我们可以这样理解，虽其征收数量至少，但麦作作为重要的征收税种，仍是不可或缺的。

从征收形式看，两浙路的绍兴府、庆元府采取折科成他物的方式征收麦作赋税。绍兴府以麦二石四斗一升折绢一匹。庆元府除使用绢折麦外，还以绸绵折麦。除此以外，还有义仓麦，数量不多，200多石。两浙路除绍兴府、庆元府外，均以实物征收麦作。江南东路除正麦之外，有折钱麦以及钱麦，笔者认为应该是将钱折成麦作实物上交，因此总体来看，江南东路也是以实物征收的。所以表中所列夏税麦作基本是实物征收形式。

两税的征收多以当地物产为主，《庆元条法事类》规定："不产小麦处，准许以粳米折。"① 可见麦作应是朝廷规定的所有区域都要缴纳的实物赋税，对于不产或者歉收的区域，可以用粳米折纳。尽管表内统计数据不能完全反映当时的真实情况，但是从目前掌握的数据看，即使是在

---

① 谢深甫：《庆元条法事类》卷四七《赋役门一》，杨一凡、田涛主编，戴建国点校，《中国珍稀法律典籍续编》第1册，黑龙江人民出版社，2002，第620页。

相同州府，不同县内麦作种植也呈现出不均衡的情况，这个结论应该是可靠的。

而在具体征收过程中，麦作折变的现象也是很普遍的。《宋史·食货志》中提到："其入有常物，而一时所须则变而取之，使其直轻重相当，谓之'折变'。"① 朝廷可以根据实际需求，进行赋税折变。临安九邑的科配比其他地区更为烦琐，其中"折变小麦，为害尤甚"②。麦作的折变有米与麦、麦与钱、反复折变等。绍兴六年（1136 年）五月，右司谏王缙（1073—1159）上奏请求，严禁江西路麦作折纳稻米时另行加耗："以麦一石二斗折米一石外，不得别更收耗。如有违戾，监司按劾施行。"③ 绍兴二十九年（1159 年）六月二十四日，中书舍人兼枢密院都承旨洪遵言："平江府、湖、秀州去年积潦之后，农民失所流离，今春蚕，麦颇登，得以续食。州县不能拊摩凋瘵，但知依例预将秋苗折科大麦，每米一石，令民倍以麦输。欲望令户部会计马料见在实数，当用几何，只令合科借处如数敷折，须以苗一石折麦一石五斗。"④ 最后朝廷从其所请，按照苗一石折麦一石五斗的比例进行折变。稻米歉收，而恰逢蚕麦丰收，则本该缴纳的秋税，折变为麦作，原本的两税，夏征麦，秋征稻，现在全征麦作了。麦作还是酿酒的重要原料，特别是南宋时期，麦曲已经成为重要曲种。乾道三年（1167 年），州县官吏"以税钱折麦"作为"州

---

① 脱脱：《宋史》卷一七四《食货志》，中华书局，1985，第 4203 页。

② 黄淮、杨士奇：《历代名臣奏议》卷一〇七《乞蠲二浙积欠札子》，上海古籍出版社，1989，第 1439 页。

③ 徐松辑《宋会要辑稿》食货七〇之三七，刘琳、刁忠民、舒大刚等校点，上海古籍出版社，2014，第 8120 页。

④ 徐松辑《宋会要辑稿》食货四〇之三〇至三一，刘琳、刁忠民、舒大刚等校点，上海古籍出版社，2014，第 6893 页。

县场务曲酿之资”[①]。另外，为了减轻运输负担，也有官员主动要求将上供米麦折成钱。绍兴十六年（1146年），权发遣舒州汪希旦言：“本州认发上供米麦，缘地居山僻，艰于行运。欲乞权依市直折纳价钱起发，内愿纳本色者听。”[②] 绍兴年间（1131—1162），因为军费浩瀚，朝廷诏令：“诸路诸州军营田、官庄夏、秋二料所收斛斗，内除年例科拨应副马料外，其余并系变粜价钱，起赴行在送纳。”[③]除了马料之外，其他的稻麦实物要折变成钱，用于应付军事开支。乾道年间（1165—1173），两淮民众常赋之外，“过数科敷，谓如夏税有残零折变钱，又有自陈折麦钱，又有续陈折麦钱”[④]。夏税名目繁多，有残零折变钱，有自陈折麦钱，又有续陈折麦钱。

此外，还有麦作反复折科的情况。绍兴八年（1138年），朝廷下令：“两淮州县内有已起纳二税去处，将合纳绵、绌、税绢、茶绢、杂钱、白米六色以在市价例准折作钱，却将准折到钱别科米麦。”[⑤] 税赋之中绵、绌、税、绢、杂钱、白米可以不交纳实物，折成钱，再折合成米麦。嘉定七年（1214年），监察御史石宗万在谈到反复折变的弊端时指出：“夏税之有折帛……又从而科麦焉……及年久变而为折钱，如是则由绢而折

① 徐松辑《宋会要辑稿》食货一〇之二一，刘琳、刁忠民、舒大刚等校点，上海古籍出版社，2014，第6204页。

② 徐松辑《宋会要辑稿》食货九之三〇，刘琳、刁忠民、舒大刚等校点，上海古籍出版社，2014，第6191页。

③ 徐松辑《宋会要辑稿》食货三之五，刘琳、刁忠民、舒大刚等校点，上海古籍出版社，2014，第6010页。

④ 徐松辑《宋会要辑稿》食货一〇之二〇，刘琳、刁忠民、舒大刚等校点，上海古籍出版社，2014，第6204页。

⑤ 徐松辑《宋会要辑稿》食货九之二七，刘琳、刁忠民、舒大刚等校点，上海古籍出版社，2014，第6190页。

麦，由麦而折钱……大抵皆展转变易，以求赢余，斯民安得不重困耶?”① 为了获取更多利益的反复折变，大大增加了民众的负担。

表 4-2　南宋时期夏税麦所占税粮比重统计表

地区	时间	夏税（单位：石）	秋税（单位：石）	夏税麦在税粮中的比重（单位:%）	史料来源
两浙路镇江府	宋宁宗嘉定年间（1208—1224）	16 066	115 642	13.89	《嘉定镇江志》卷六《赋税》
两浙路江阴军	宋理宗绍定年间（1228—1233）	16 428	42 345	38.80	《天一阁方志·嘉靖江阴县志》卷四上《田赋》
两浙路临安府·富阳县	宋度宗咸淳年间（1265—1274）	622	12 394	4.78	《咸淳临安志》卷五九《贡赋》
两浙路常州	宋理宗宝祐年间（1253—1258）	99 604	228 592	30.35	《咸淳重修毗陵志》卷二四《财赋》
江南东路建康府	宋理宗景定年间（1260—1264）	3 061	199 017	1.51	《景定建康志》卷四〇《税赋》
江南东路徽州	宋孝宗淳熙年间（1174—1189）	6 033	159 481	3.78	《新安志》卷二《叙贡赋》
江南东路宣州·泾县	南宋时期	2 566	27 398	9.37	《天一阁方志续·嘉靖泾县志》卷五《赋税》

① 徐松辑《宋会要辑稿》食货七〇之一〇九，刘琳、刁忠民、舒大刚等校点，上海古籍出版社，2014，第 8162 页。

续表

地区	时间	夏税 (单位：石)	秋税 (单位：石)	夏税麦在税粮中的比重 (单位：%)	史料来源
江南西路抚州	宋宁宗嘉定年间 (1208—1224)	4187	105 866	3.95	《天一阁方志续·弘治抚州府志》卷一二《贡赋》
福建路兴化军·仙游县	宋理宗宝祐年间 (1253—1258)	829	12 644	6.15	《仙溪志》卷一《财赋》
淮南东路淮安军·宝应县	南宋时期	2869	5962	32.49	《天一阁方志续·隆庆宝应县志》卷四《贡赋》

注：表 4-2 根据张伟忠《南宋两税数据表》① 制作而成，所用数据为两税中的正税额，不包括附加税中的数额。

由表 4-2 可知，夏税占比较高的地区为淮东路宝应县和两浙路常州，均在 30%以上；其次为两浙路镇江府丹徒县及丹阳县。其余地区在 10%以下，在这些地区夏税麦的占比虽然较少，例如建康府的占比仅为 1.51%，但麦类作物仍是税粮的一项不可或缺的税种，宋廷并没有取消这一税收。庆元府的都仓将小麦与米“分贮”②，小麦有专门的仓储。

综上，南宋时期，由于粮食需求激增，特别是大量北方人的南迁，朝廷积极推进麦作在江南地区的种植，免“麦租”成为特定区域特定时

① 张伟忠：《南宋两税及其征收研究》，硕士学位论文，上海师范大学，2011，第 73—126 页。

② 胡榘：《宝庆四明志》卷三《叙郡下》，方万里、罗浚纂，《宋元方志丛刊》第 5 册，中华书局，1990，第 5022 页。

期内的优惠政策。为了促进粮食流通，南宋朝廷还是比较好地推行了米麦等免商税的政策。在租税的各种蠲免政策中，麦作往往与其他粮食作物特别是稻米共同出现，朝廷专门针对麦作的蠲免并不多见。作为一项重要的土地收入，麦作在赋税、官田租和民田税方面并没有呈现出更多的优惠，麦作的身影和稻米一样出现在南宋时期的各种租税和折变中，免租税的情形并不十分普遍。

结　语

唐宋时期是中国麦作发展的重要时期。在这一时期，传统中国具备了麦食大国的风貌。自汉至唐，中国北方广泛地种植麦类作物，宋代更为普及。金朝占据原北宋统治的北方地区之后，逐渐汉化，虽然也有破坏麦田的狩猎行为，但总体而言，并没有阻止麦类作物在北方的种植。唐代南方种麦还较为少见，而宋代特别是南宋时期的南方就已经比较多见了。麦类作物的广泛种植不仅提高了农业的抗风险能力，也为人们提供了更多的粮食。唐宋时期北方人口大量南迁，使南方地区出现较为尖锐的人地矛盾，如何利用有限的土地满足社会的粮食需求，是政府和民众所面临的重大难题。一方面在南方陆地、丘陵等不宜种植水稻的地区种植麦类作物，可以扩大耕地面积，缓解人地矛盾。另一方面，水稻收割后，农家将水田改为旱地，用来种麦，就形成了稻麦复种制，提高了单位面积粮食产量，也推动了我国农业种植技术的进步。

这一时期麦类作物的地位逐渐上升，成为国家重要战略物资。在国家赋税、官员俸禄、军食马料等方面，粟、稻、麦的粮食格局逐渐被稻、麦格局所取代，这为麦类作物的进一步扩展提供了强大动力，其地位不断上升，最终实现了从杂粮到主粮的飞跃。两税法中的粮食赋税为夏税麦、秋税米，仅占据淮河以南地区的南宋沿用了这一粮食税，即使夏税麦在一些地区的税粮占比非常少，宋廷仍然没有取消这一项税收。官员俸禄和军食马料中的麦类作物除了来自国家税收之外，还有相当部分来自和籴以及屯营田的收入，政府通过多种方式筹措麦类作物，可知其已经成为维护国家运转的重要粮食作物。

粮食加工业在这一时期迅速发展，其生产能力不断提高，甚至皇宫中御膳房所用面粉也通过市场购买。经营麦类作物加工运销的利润应是可观的，已经出现了跨区域的面粉销售，例如：处州的面售卖到温州；福建的麦类作物运到广东后，加工成面粉出售，获利颇多。此时蒸、煮、烤、烙、油炸的面食烹饪方式已经全部具备，出现了品类繁多的面食制品，以及各种名品名店，面食呈现丰富化和日常化的趋势。同时，麦类作物粒食的方式并没有消失。宋金时期，粉食和粒食的方式在我国南北方地区同时存在，但口感好的面食更具优势。

免麦租一度被认为是宋廷为推动麦作种植而实施的一项优惠政策。租和税是两个概念，民田需要向政府交税，佃户需要向地主交租。免麦租、免麦税的优惠政策均有时间和区域的限制，需要具体问题具体分析。就全国而言，宋廷并没有长期免除麦租和麦税。宋廷一直免除麦作的流通税，以促进其流通。

唐宋时期，麦类作物在种植区域的广度和深度上都有巨大进步。从国家层面来看，麦类作物的地位也进入了一个全新的阶段。麦食经济在这一时期深入发展并完成了我国成为麦食大国的最显著的进步。唐宋时期是传统中国麦食经济的定型时期，此后我国麦食经济在这一框架下，向规模化和细致化进一步延伸。

参考文献

一、古籍文献

［1］卷一：国颂［M］//黎翔凤．管子校注：第1册．梁运华，整理．北京：中华书局，2004：2.

［2］卷一：上李鸿章书［M］//孙中山：孙中山全集：第1册．北京：中华书局，1981：17.

［3］卷六：袁尚传［M］//陈寿．三国志：第1册．北京：中华书局，1982：202.

［4］卷一：武帝纪［M］//陈寿．三国志：第1册．北京：中华书局，1982：55.

［5］罗愿．尔雅翼［M］．石云孙，点校．合肥：黄山书社，2013：5.

［6］吴玉贵．唐书辑校［M］．北京：中华书局，2008：1102.

［7］宋敏求．唐大诏令集［M］．北京：中华书局，2008：485.

［8］卷八六：张说·相州山池作［M］//彭定求．全唐诗：第3册．北京：中华书局，1960：932.

［9］卷一三三：李颀·送陈章甫［M］//彭定求．全唐诗：第4册．北京：中华书局，1960：1353.

［10］卷三四一：韩愈·过南阳［M］//彭定求．全唐诗：第10册．北京：中华书局，1960：3825.

[11] 卷二七六：卢纶·送绛州郭参军［M］//彭定求．全唐诗：第9册．北京：中华书局，1960：3130．

[12] 卷三：张说·奉和入秦路逢寒食应制［M］//高棅．唐诗拾遗：第9册．北京：中华书局，2015：3080．

[13] 卷六三三：司空图·虞乡北原［M］//彭定求．全唐诗：第19册．北京：中华书局，1960：7270．

[14] 卷一九七：张谓·别睢阳故人［M］//彭定求．全唐诗：第6册．北京：中华书局，1960：2018．

[15] 卷二六八：耿沣·送绛州郭参军［M］//彭定求．全唐诗：第8册．北京：中华书局，1960：2978．

[16] 卷五二九：顾况·宋州刺史厅壁记［M］//董诰．全唐文：第6册．北京：中华书局，1983：5371．

[17] 卷二一：东坡八首［M］//苏轼．苏轼诗集：第4册．孔凡礼，点校．北京：中华书局，1982：1081．

[18] 卷一一五：倚阁忻代州和籴米奏状［M］//欧阳修．欧阳修全集：第5册．李逸安，点校．北京：中华书局，2001：1739．

[19] 卷一一：再使河北［M］//司马光．司马温公集编年笺注：第1册．李之亮，笺注．成都：巴蜀书社，2009：269．

[20] 包拯．包拯集校注［M］．杨国宜，校注．合肥：黄山书社，1999：121．

[21] 食货一之二九，三八，四一，四四，四五［M］//徐松，辑．宋会要辑稿：第10册．刘琳，刁忠民，舒大刚，等，校点．上海：上海古籍出版社，2014：5960，5970，5972，5976，5977．

[22] 卷三五一：途次长安上都漕傅谏议［M］//北大古文献研究所．全宋诗：第7册．北京：北京大学出版社，1998：4363．

[23] 卷一〇：寄西京张法曹［M］//欧阳修. 欧阳修全集：第 2 册. 李逸安，点校. 北京：中华书局，2001：159.

[24] 卷一四：送王震给事知蔡州［M］//苏辙. 苏辙集：第 1 册. 陈宏天，高秀芳，点校. 北京：中华书局，1990：282.

[25] 卷一六三五：汝州道中呈遵道［M］//北大古文献研究所. 全宋诗：第 28 册. 北京：北京大学出版社，1998：18 335.

[26] 卷一三：出城送客［M］//苏轼. 苏轼诗集：第 2 册. 孔凡礼，点校. 北京：中华书局，1982：618.

[27] 卷二：初夏有感［M］//曾巩. 曾巩集. 陈杏珍，晁继周，点校. 北京：中华书局，1984：20.

[28] 卷一一：感春十三首［M］//张耒. 张耒集. 李逸安，孙通海，傅信，点校. 北京：中华书局，1990：196.

[29] 卷一五：送欧阳辩［M］//苏辙. 苏辙集：第 1 册. 陈宏天，高秀芳，点校. 北京：中华书局，1990：299.

[30] 卷六二：五行志［M］//脱脱. 宋史：第 5 册. 北京：中华书局，1985：1346.

[31] 卷六二：北岳祈雨祝文［M］//苏轼. 苏轼文集. 第 5 册. 孔凡礼，点校. 北京：中华书局，1986：1927.

[32] 卷二六：论河北京东盗贼状［M］//苏轼. 苏轼文集. 第 2 册. 孔凡礼，点校. 北京：中华书局，1986：753.

[33] 卷四九：青州求晴祭文［M］//欧阳修. 欧阳修全集：第 2 册. 李逸安，点校. 北京：中华书局，2001：690.

[34] 卷四：金熙宗本纪［M］//脱脱. 金史：第 1 册. 北京：中华书局，1975：79.

[35] 卷二三：五行志［M］//脱脱. 金史：第 2 册. 北京：中华书局，

1975：543.
［36］卷二四上：食货志［M］//班固. 汉书：第 3 册. 北京：中华书局，1962：1137.
［37］卷二三：五行志［M］//脱脱. 金史：第 2 册. 北京：中华书局，1975：542.
［38］卷一七：金哀宗本纪［M］//脱脱. 金史：第 2 册. 北京：中华书局，1975：376.
［39］卷一五：金宣宗本纪［M］//脱脱. 金史：第 2 册. 北京：中华书局，1975：347.
［40］卷四七：食货二［M］//脱脱. 金史：第 4 册. 北京：中华书局，1975：1062.
［41］卷五〇：食货五［M］//脱脱. 金史：第 4 册. 北京：中华书局，1975：1122.
［42］卷四七：食货二［M］//脱脱. 金史：第 4 册. 北京：中华书局，1975：1055，1056，1062.
［43］卷一〇七：张行信传［M］//脱脱. 金史：第 7 册. 北京：中华书局，1975：2363.
［44］卷五：海陵本纪［M］//脱脱. 金史：第 1 册. 北京：中华书局，1975：113.
［45］卷七：泛溢水［M］//白居易. 白居易集：第 1 册. 顾学颉，校点. 北京：中华书局，1979：129.
［46］卷三：竞舟［M］//元稹. 元稹集：第 1 册. 冀勤，点校. 北京：中华书局，2010：34.
［47］卷六五〇：方干・鉴湖西岛言事［M］//彭定求. 全唐诗：第 19 册. 北京：中华书局，1960：7470.

［48］卷五二九：许浑·闲居孟夏即事［M］//彭定求. 全唐诗：第 16 册. 北京：中华书局，1960：6052.

［49］卷二一：格诗歌行杂体·答［M］//白居易. 白居易诗集校注：第 6 册. 谢思炜，校注. 北京：中华书局，2006：1689.

［50］卷四：荆州歌［M］//李白. 李太白全集：第 1 册. 王琦，注. 北京：中华书局，1977：238.

［51］卷九：赠徐安宜［M］//李白. 李太白全集：第 2 册. 王琦，注. 北京：中华书局，1977：465.

［52］卷二四一：元结·雪中怀孟武昌［M］//彭定求. 全唐诗：第 8 册. 北京：中华书局，1960：2705.

［53］卷六七六：郑谷·游蜀［M］//彭定求. 全唐诗：第 20 册. 北京：中华书局，1960：7742.

［54］卷一七三：食货志［M］//脱脱. 宋史：第 13 册. 北京：中华书局，1985：4159，4162，4175，4176.

［55］卷二一：古今体诗八十六首［M］//苏轼. 苏轼诗集：第 4 册. 孔凡礼，点校. 北京：中华书局，1982：1081.

［56］朱长文. 吴郡图经续记卷上：物产［M］//景印文渊阁四库全书：第 484 册. 台北：商务印书馆，1986：6.

［57］卷二一七六：郑侠·惠州太守陈文惠公祠堂记［M］//全宋文：第 100 册. 曾枣庄，刘琳主编. 上海：上海辞书出版社，合肥：安徽教育出版社，2006：8.

［58］卷六七：五行五［M］//脱脱. 宋史：第 13 册. 北京：中华书局，1985：1444，1464，1465，1466，1467.

［59］石湖居士诗集卷二七：四时田园杂兴六十首·晚春田园杂兴十二绝［M］//范成大. 范成大集校笺：第 4 册. 吴企明，校笺. 上海：

上海古籍出版社，2022：1351.

［60］石湖居士诗集卷一一：刘麦行［M］//范成大．范成大集校笺：第5册．吴企明，校笺．上海：上海古籍出版社，2022：524.

［61］方大琮．铁庵集卷一五：与袁侍郎书五［M］//北京图书馆古籍珍本丛刊：第89册．北京：书目文献出版社，1998：481.

［62］方大琮．铁庵集卷二一：乡守项寺承书［M］//北京图书馆古籍珍本丛刊：第89册．北京：书目文献出版社，1998：570.

［63］方大琮．铁庵集卷三三：劝种麦［M］//北京图书馆古籍珍本丛刊：第89册．北京：书目文献出版社，1998：728.

［64］食货四〇之三〇，三一，三四，四八，四九，五〇，五二［M］//徐松，辑．宋会要辑稿：第12册．刘琳，刁忠民，舒大刚，等，校点．上海：上海古籍出版社，2014：6893，6895，6903，6904，6905.

［65］食货六三之一〇，三三，五二，五三，六二，九〇，一一七，一三三，一六〇，一六二，一九七，二一八，二一九，二二一，二二三，二二四［M］//徐松，辑．宋会要辑稿：第13册．刘琳，刁忠民，舒大刚，等，校点．上海：上海古籍出版社，2014：7603，7630，7640，7641，7646，7659，7673，7682，7696，7697，7717，7728，7729，7730，7731，7732.

［66］食货六八之九六［M］//徐松，辑．宋会要辑稿：第13册．刘琳，刁忠民，舒大刚，等，校点．上海：上海古籍出版社，2014：8006.

［67］朱熹别集卷九：劝谕趁时请地种麦榜，谕人户种荞麦大小麦，再谕人户种二麦，管下县相视约束及开三项田段［M］//朱熹．朱熹集：第9册．尹波，郭齐，点校．成都：四川教育出版社，1996：

5542，5558，5568，5561.
［68］黄氏日抄卷七八：咸淳七年中秋劝种麦文［M］//黄震. 黄震全集：第7册. 张伟，何忠礼，主编. 杭州：浙江大学出版社，2013：2221，2223.
［69］卷三〇：宋宁宗三［M］//佚名. 宋史全文：第8册. 汪圣铎，点校. 北京：中华书局，2016：2571.
［70］剑南诗稿校注卷二九：夏四月渴雨恐害布种代乡邻作插秧歌，鸟啼［M］//陆游. 陆游全集校注：第4册. 钱仲联，马亚中，主编. 杭州：浙江古籍出版社，2015：40，191.
［71］高斯得. 耻堂存稿卷五：宁国府劝农文［M］//景印文渊阁四库全书：第1182册. 台北：商务印书馆，1986：88.
［72］卷上：耕耘之宜篇［M］//陈旉. 陈旉农书校注. 万国鼎，校注. 北京：农业出版社，1965：26.
［73］卷上：六种之宜篇［M］//陈旉. 陈旉农书校注. 万国鼎，校注. 北京：农业出版社，1965：31.
［74］卷上：耕褥之宜篇［M］//陈旉. 陈旉农书校注. 万国鼎，校注. 北京：农业出版社，1965：174.
［75］王祯. 农书译注［M］. 济南：齐鲁书社，2009：42-43，172，571.
［76］梁克家. 淳熙三山志卷四一：土俗类三［M］//宋元方志丛刊：第8册. 北京：中华书局，1990：8252.
［77］卷上：各地食物习性［M］//庄绰. 鸡肋编. 萧鲁阳，点校. 北京：中华书局，1983：36.
［78］吴泳. 鹤林集卷二三：与马光祖互奏状［M］//景印文渊阁四库全书：第1176册. 台北：商务印书馆，1986：219.
［79］李弥逊. 筠溪集卷一四：次韵贲远归田四首［M］//景印文渊阁四

库全书：第1130册. 台北：商务印书馆，1986：726.
[80] 孙觌. 鸿庆居士集卷五：夏日田舍 [M] //景印文渊阁四库全书：第1135册. 台北：商务印书馆，1986：59.
[81] 孙觌. 内简尺牍卷六：与常守虞龙图帖 [M] //景印文渊阁四库全书：第1135册. 台北：商务印书馆，1986：526.
[82] 卷一六：与章德茂书 [M] //陆九渊. 陆九渊全集：第1册. 叶航，点校. 上海：上海古籍出版社，2022：256.
[83] 卷一〇六：申省乞施行籴纳晚米状 [M] //李纲. 李纲全集：中册. 王瑞明，点校. 长沙：岳麓书社，2004：1006.
[84] 吴泳. 鹤林集卷三九：隆兴府劝农文 [M] //景印文渊阁四库全书：第1176册. 台北：商务印书馆，1986：383.
[85] 赵不悔. 新安志卷二：叙物产 [M] //宋元方志丛刊：第8册. 北京：中华书局，1990：7615—7616.
[86] 叶梦得. 石林奏议卷一一：奏措置买牛租赁与民耕种利害状 [M] //续修四库全书：第474册. 上海：上海古籍出版社，2002：452.
[87] 虞俦. 尊白堂集卷一：和姜总管喜民间种麦 [M] //景印文渊阁四库全书：第1154册. 台北：商务印书馆，1986：4.
[88] 江东集卷三一：夏日杂兴 [M] //杨万里. 杨万里集笺校：第4册. 辛更儒，笺校. 北京：中华书局，2007：1617.
[89] 江湖集卷三：三月三日雨作遣闷十绝句 [M] //杨万里. 杨万里集笺校：第1册. 辛更儒，笺校. 北京：中华书局，2007：176.
[90] 吴渊. 江湖小集卷七〇：江东道院赋 [M] //景印文渊阁四库全书：第1357册. 台北：商务印书馆，1986：538-539.
[91] 孙觌. 鸿庆居士集卷三：分宜道中 [M] //景印文渊阁四库全书：

第 1135 册. 台北：商务印书馆，1986：28.
[92] 卷一六：芒种 [M] //韩淲. 韩淲集. 刘云军，点校. 北京：科学出版社，2022：203.
[93] 方岳. 秋崖集卷二：农谣 [M] //景印文渊阁四库全书：第 1182 册. 台北：商务印书馆，1986：146.
[94] 高斯得. 耻堂存稿卷五：宁国府劝农文 [M] //景印文渊阁四库全书：第 1182 册. 台北：商务印书馆，1986：88.
[95] 阳枋. 字溪集卷二：与绍庆太守论时政书 [M] //景印文渊阁四库全书：第 1135 册. 台北：商务印书馆，1986：278.
[96] 汪应辰. 文定集卷四：御札再问蜀中旱歉 [M] //景印文渊阁四库全书：第 1138 册. 台北：商务印书馆，1986：620.
[97] 卷八九：地理志 [M] //脱脱. 宋史：第 7 册. 北京：中华书局，1985：2230.
[98] 郑侠. 西塘集卷三：惠州太守陈文惠公祠堂记 [M] //景印文渊阁四库全书：第 1117 册. 台北：商务印书馆，1986：393.
[99] 卷三九：游博罗香积寺 [M] //苏轼. 苏轼诗集：第 7 册. 孔凡礼，点校. 北京：中华书局，1982：2112.
[100] 吕本中. 东莱诗集卷一二：连州行衙水阁望溪西诸山 [M] //景印文渊阁四库全书：第 1136 册. 台北：商务印书馆，1986：767.
[101] 食货四一之九 [M] //徐松，辑. 宋会要辑稿：第 12 册. 刘琳，刁忠民，舒大刚，等，校点. 上海：上海古籍出版社，2014：6913.
[102] 卷一八：建宁府劝农文 [M] //韩元吉. 南涧甲乙稿. 刘云军，点校. 北京：中国社会科学出版社，2022：336，337.
[103] 卷一八七一：胡寅·登南纪楼 [M] //北大古文献研究所. 全宋

诗：第 33 册. 北京：北京大学出版社，1998：20 934.

[104] 卷二八四一：赵师秀・多景楼晚望 [M] //北大古文献研究所. 全宋诗：第 54 册. 北京：北京大学出版社，1998：33 854.

[105] 卷一五二〇：周紫芝・和张元明食生荔子 [M] //北大古文献研究所. 全宋诗：第 26 册. 北京：北京大学出版社，1998：17 196.

[106] 卷一七八四：张元幹・赠庆绍上人 [M] //北大古文献研究所. 全宋诗：第 31 册. 北京：北京大学出版社，1998：19 899.

[107] 卷一六九七：郑刚中・风俗 [M] //北大古文献研究所. 全宋诗：第 30 册. 北京：北京大学出版社，1998：19 127.

[108] 卷四〇八：汪纲传 [M] //脱脱. 宋史：第 35 册. 北京：中华书局，1985：12 306.

[109] 薛季宣. 浪语集卷二四：与郑景望一 [M] //宋集珍本丛刊：第 61 册. 北京：线装书局，2004：351.

[110] 卷四〇一：刘爚传 [M] //脱脱. 宋史：第 35 册. 北京：中华书局，1985：12 171.

[111] 李心传. 建炎以来系年要录 [M]. 北京：中华书局，1988：749，1150，1444，1451，2453，2532，2536，2611，2617，2638，2722，3029，3084，3098，3345.

[112] 卷一六：后总 [M] //叶适. 叶适集：第 3 册. 刘公纯，王孝鱼，李哲夫，点校. 北京：中华书局，2010：847.

[113] 食货一二之五，六 [M] //徐松，辑. 宋会要辑稿：第 11 册. 刘琳，刁忠民，舒大刚，等，校点. 上海：上海古籍出版社，2014：6232.

[114] 食货六一之八五，八七 [M] //徐松，辑. 宋会要辑稿：第 12

册. 刘琳，刁忠民，舒大刚，等，校点. 上海：上海古籍出版社，2014：7492，7494.

[115] 卷二四七：荒政［M］//黄淮，杨士奇. 历代名臣奏议：第 4 册. 上海：上海古籍出版社，1989：3243.

[116] 食货六之一六，二〇，二一，二三，二八，三〇［M］//徐松，辑. 宋会要辑稿：第 10 册. 刘琳，刁忠民，舒大刚，等，校点. 上海：上海古籍出版社，2014：6094，6096，6097，6098，6101，6102.

[117] 卷三二：宋高宗本纪［M］//脱脱. 宋史：第 2 册. 北京：中华书局，1985：610.

[118] 卷三七：宋宁宗本纪［M］//脱脱. 宋史：第 3 册. 北京：中华书局，1985：718.

[119] 卷一九下：宋高宗九［M］//佚名. 宋史全文：第 5 册. 汪圣铎，点校. 北京：中华书局，2016：1453.

[120] 卷三六〇：赵鼎传［M］//脱脱. 宋史：第 32 册. 北京：中华书局，1985：11 292.

[121] 文忠集卷七七：朝议大夫赐紫金鱼袋王君镇墓碣［M］//周必大. 周必大全集：第 2 册. 王蓉贵，（日）白井顺，点校. 成都：四川大学出版社，2017：700.

[122] 赵不悔. 新安志卷七：汪少卿［M］//宋元方志丛刊：第 8 册. 北京：中华书局，1990：7708.

[123] 戊集：淮民浆枣［M］//叶绍翁. 四朝闻见录. 冯惠民，沈锡麟，点校. 北京：中华书局，1989：197.

[124] 薛季宣. 浪语集卷一六：奉使淮西回上殿札子一［M］//宋集珍本丛刊：第 61 册. 北京：线装书局，2004：266.

[125] 食货六九之六五［M］//徐松，辑．宋会要辑稿：第10册．刘琳，刁忠民，舒大刚，等，校点．上海：上海古籍出版社，2014：8081.

[126] 卷一〇九：仁民［M］//黄淮，杨士奇．历代名臣奏议：第2册．上海：上海古籍出版社，1989：1460.

[127] 卷二二二：兵制［M］//黄淮，杨士奇．历代名臣奏议：第3册．上海：上海古籍出版社，1989：2925.

[128] 卷三七九：韩肖胄传［M］//脱脱．宋史：第33册．北京：中华书局，1985：11 690.

[129] 食货三之五，一二，一七［M］//徐松，辑．宋会要辑稿：第10册．刘琳，刁忠民，舒大刚，等，校点．上海：上海古籍出版社，2014：6010，6017，6022.

[130] 卷三六四：韩世忠传［M］//脱脱．宋史：第32册．北京：中华书局，1985：11 367.

[131] 卷三一：高宗本纪［M］//脱脱．宋史：第2册．北京：中华书局，1985：586-587.

[132] 食货一一之一六［M］//徐松，辑．宋会要辑稿：第11册．刘琳，刁忠民，舒大刚，等，校点．上海：上海古籍出版社，2014：6219.

[133] 戴复古．戴复古诗集卷一：刘麦行［M］．金芝山，点校．杭州：浙江古籍出版社，2012：27.

[134] 卷五九：孝宗皇帝十九［M］//佚名．皇宋中兴两朝圣政辑校：第5册．孔学，辑校．北京：中华书局，2019：1347.

[135] 尚书正义卷三：舜典［M］//阮元．十三经注疏：上册．北京：中华书局，2009：273.

［136］卷一三：沈约传［M］//姚思廉．梁书：第1册．北京：中华书局，1973：239.
［137］毛诗正义：诗谱序［M］//阮元．十三经注疏：上册．北京：中华书局，2009：555.
［138］卷一〇：送浮屠文畅师序［M］//韩愈．韩愈文集汇校笺注：第3册．刘真伦，岳珍，校注．北京：中华书局，2010：1074.
［139］礼记正义卷一二：王制［M］//阮元．十三经注疏：下册．北京：中华书局，2009：2897.
［140］卷一〇三：高车传［M］//魏收：魏书：第4册．北京：中华书局，1974：2309.
［141］卷一一：成公传［M］//洪亮吉．春秋左传诂：第2册．李解民，点校．北京：中华书局，1987：462-463.
［142］卷七：冯异传［M］//范晔．后汉书：第2册．北京：中华书局，1965：641.
［143］卷二一：孔奂传［M］//姚思廉．陈书：第1册．北京：中华书局，1972：284.
［144］卷五〇：兵志［M］//欧阳修．新唐书：第5册．北京：中华书局，1975：1325.
［145］张鷟．朝野佥载［M］．赵守俨，点校．北京：中华书局，1979：89.
［146］卷二〇三：则天顺圣皇后光宅元年［M］//司马光．资治通鉴：第17册．北京：中华书局，1956：6426.
［147］卷二五七：柳中庸·寒食戏赠［M］//彭定求．全唐诗：第8册．北京：中华书局，1960：2876.
［148］卷六〇八：皮日休·三羞诗三首［M］//彭定求．全唐诗：第18

册. 北京：中华书局，1960：7016.

［149］卷一〇四五：刘弇·黄洴［M］//北大古文献研究所. 全宋诗：第18册. 北京：北京大学出版社，1998：11 980.

［150］卷三六一五：邵定翁·麦饭熟［M］//北大古文献研究所. 全宋诗：第69册. 北京：北京大学出版社，1998：43 306.

［151］卷五八：与孟亨之［M］//苏轼. 苏轼文集编年笺注. 李之亮，笺注. 成都：巴蜀书社，2011：569.

［152］剑南诗稿校注卷三〇：时雨［M］//陆游. 陆游全集校注：第4册. 钱仲联，马亚中，主编. 杭州：浙江古籍出版社，2015：51.

［153］剑南诗稿校注卷三二：初夏［M］//陆游. 陆游全集校注：第4册. 钱仲联，马亚中，主编. 杭州：浙江古籍出版社，2015：166.

［154］卷三四：青毡堂［M］//杨万里. 杨万里集笺校：第4册. 辛更儒，笺校. 北京：中华书局，2007：1740.

［155］剑南诗稿校注卷三四：即事［M］//陆游. 陆游全集校注：第4册. 钱仲联，马亚中，主编. 杭州：浙江古籍出版社，2015：272.

［156］卷四：山静日长［M］//罗大经. 鹤林玉露. 王瑞来，点校. 北京：中华书局，1983：304.

［157］卷八：艺增篇［M］//王充. 论衡校释：第2册. 黄晖，撰. 北京：中华书局，1990：387.

［158］卷九：武帝本纪［M］//李延寿. 南史：第1册. 北京：中华书局，1975：263.

［159］卷四七：卢义僖传［M］//魏收. 魏书：第2册. 北京：中华书局，1974：1054.

[160] 卷四：高宗本纪［M］//刘昫. 旧唐书：第 1 册. 北京：中华书局，1975：87.
[161] 丙志卷八：谢七嫂［M］//洪迈. 夷坚志：第 2 册. 何卓，点校. 北京：中华书局，1981：430.
[162] 朱熹外集卷一：过德兴县叶元恺家偶题［M］//朱熹. 朱熹集：第 9 册. 尹波，郭齐，点校. 成都：四川教育出版社，1996：5710.
[163] 剑南诗稿校注卷三〇：时雨［M］//陆游. 陆游全集校注：第 4 册. 钱仲联，马亚中，主编. 杭州：浙江古籍出版社，2015：197.
[164] 剑南诗稿校注卷三二：初夏十首［M］//陆游. 陆游全集校注：第 4 册. 钱仲联，马亚中，主编. 杭州：浙江古籍出版社，2015：291.
[165] 方岳. 秋崖集卷八：山中［M］//景印文渊阁四库全书：第 1182 册. 台北：商务印书馆，1986：226.
[166] 洪咨夔. 平斋文集卷三：刘后溪和雁湖即事诗十绝见示次韵［M］//宋集珍本丛刊：第 74 册. 北京：线装书局，2004：790.
[167] 方回. 桐江续集卷一六：次韵徐赞府韮英八首［M］//景印文渊阁四库全书：第 1193 册. 台北：商务印书馆，1986：412.
[168] 董煨. 救荒活民书卷上［M］//丛书集成初编：第 964 册. 北京：中华书局，1985：20.
[169] 卷一八四：高力士传［M］//刘昫. 旧唐书：第 15 册. 北京：中华书局，1975：4758.
[170] 职官二六之三四［M］//徐松，辑. 宋会要辑稿：第 6 册. 刘琳，刁忠民，舒大刚，等，校点. 上海：上海古籍出版社，

2014：3706.
［171］卷九〇：和籴［M］//王溥．唐会要：下册．上海：上海古籍出版社，2006：1637，1944.
［172］卷一九：槐叶冷淘［M］//杜甫．杜诗详注：第4册．仇兆鳌，注．北京：中华书局，1979：1645.
［173］卷三：天晓诸人入市［M］//孟元老．东京梦华录笺注．伊永文，笺注．北京：中华书局，2007：357.
［174］刘敞．公是集卷五一：先考益州府君行状［M］//景印文渊阁四库全书：第1095册．台北：商务印书馆，1986：863.
［175］方域四之一〇［M］//徐松，辑．宋会要辑稿：第15册．刘琳，刁忠民，舒大刚，等，校点．上海：上海古籍出版社，2014：9333.
［176］食货五五之一［M］//徐松，辑．宋会要辑稿：第12册．刘琳，刁忠民，舒大刚，等，校点．上海：上海古籍出版社，2014：7251.
［177］乙志卷一：侠妇人［M］//洪迈．夷坚志：第1册．何卓，点校．北京：中华书局，1981：190.
［178］支志戊集卷七：许大郎［M］//洪迈．夷坚志：第3册．何卓，点校．北京：中华书局，1981：1110.
［179］华学诚．扬雄方言校释汇证［M］．北京：中华书局，2006：1596.
［180］卷四：释饮食［M］//刘熙．释名．北京：中华书局，2020：58.
［181］卷九：饼法［M］//贾思勰．齐民要术今释：第2册．石声汉，校释．北京：中华书局，2009：921.
［182］卷四四一：白居易·寄胡饼与杨万州［M］//彭定求．全唐诗：第13册．北京：中华书局，1960：4918.

［183］黄朝英．靖康缃素杂记［M］//景印文渊阁四库全书：第 850 册．台北：商务印书馆，1986：395.

［184］卷一二九：世人作肥字说［M］//欧阳修．欧阳修全集：第 5 册．李逸安，点校．北京：中华书局，2001：1970.

［185］卷三：大内西右掖门外街巷［M］//孟元老．东京梦华录笺注．伊永文，笺注．北京：中华书局，2007：274.

［186］卷三：大内前州桥东街巷［M］//孟元老．东京梦华录笺注．伊永文，笺注．北京：中华书局，2007：284.

［187］卷四：食店［M］//孟元老．东京梦华录笺注．伊永文，笺注．北京：中华书局，2007：430.

［188］卷一六：面食店［M］//吴自牧．梦粱录新校注．阚海娟，校注．成都：巴蜀书社，2015：273.

［189］卷一六：荤素从食店［M］//吴自牧．梦粱录新校注．阚海娟，校注．成都：巴蜀书社，2015：276.

［190］卷二：宣德楼前省府宫宇［M］//孟元老．东京梦华录笺注．伊永文，笺注．北京：中华书局，2007：82.

［191］卷一：刈麦行［M］//戴复古．戴复古诗集．金芝山，点校．浙江古籍出版社，2012：27.

［192］周礼注疏卷一六：舍人［M］//阮元．十三经注疏：下册．北京：中华书局，2009：1616.

［193］卷二五：郊祀志［M］//班固．汉书：第 3 册．北京：中华书局，1962：1269.

［194］卷一五：治国［M］//黎翔凤．管子校注：第 2 册．梁运华，整理．北京：中华书局，2004：926.

［195］卷五八：公孙弘传［M］//班固．汉书：第 6 册．北京：中华书

局，1962：2621.
［196］卷五：武宣卞皇后［M］//陈寿. 三国志：第1册. 北京：中华书局，1982：157.
［197］佚名. 新辑玉泉子［M］. 夏婧，点校. 北京：中华书局，2014：184.
［198］张鷟. 朝野佥载［M］. 赵守俨，点校. 北京：中华书局，1979：76，89.
［199］卷五四：窦建德传［M］//刘昫. 旧唐书：第7册. 北京：中华书局，1975：2238.
［200］卷二四：食货志［M］//魏徵. 隋书：第2册. 北京：中华书局，1973：680，685.
［201］卷四八：食货志［M］//刘昫. 旧唐书：第6册. 北京：中华书局，1975：2088，2090.
［202］卷四九：食货志［M］//刘昫. 旧唐书：第6册. 北京：中华书局，1975：2118，2123.
［203］卷六三九：李翱·唐故金紫光禄大夫徐公行状［M］//董诰. 全唐文：第7册. 北京：中华书局，1983：6458.
［204］卷五一：食货志［M］//欧阳修. 新唐书：第5册. 北京：中华书局，1975：1344，1346.
［205］卷八：玄宗本纪［M］//刘昫. 旧唐书：第1册. 北京：中华书局，1975：189.
［206］卷二二一：杜甫·行官张望补稻畦水归［M］//彭定求. 全唐诗：第7册. 北京：中华书局，1960：2342.
［207］卷三五九：刘禹锡·送李中丞赴楚州［M］//彭定求. 全唐诗：第11册. 北京：中华书局，1960：4047.

［208］卷八〇九：灵一·酬陈明府舟中见赠［M］//彭定求. 全唐诗：第23册. 北京：中华书局，1960：9127.

［209］卷二〇七：李嘉祐·秋晓招隐寺东峰茶宴送内弟阎伯均归江州［M］//彭定求. 全唐诗：第6册. 北京：中华书局，1960：2165.

［210］卷四三〇：李翰·苏州嘉兴屯田纪绩颂［M］//董诰. 全唐文：第5册. 北京：中华书局，1983：4375.

［211］卷四七三：陆贽·请减京东水运收脚价于缘边州镇储蓄军粮事宜状［M］//董诰. 全唐文：第6册. 北京：中华书局，1983：4832.

［212］卷一二三：刘晏传［M］//刘昫. 旧唐书：第11册. 北京：中华书局，1975：3512.

［213］卷九：送陆歙州参序并诗［M］//韩愈. 韩愈文集汇校笺注：第3册. 刘真伦，岳珍，校注. 北京：中华书局，2010：976.

［214］樊川文集卷一六：上宰相求杭州启［M］//杜牧. 杜牧集系年校注：第3册. 吴在庆，校注. 北京：中华书局，2008：1019.

［215］卷四八六：权德舆·论江淮水灾上疏［M］//董诰. 全唐文：第6册. 北京：中华书局，1983：4962.

［216］卷一六五：权德舆传［M］//欧阳修. 新唐书：第16册. 北京：中华书局，1975：5076.

［217］卷一〇四二：田渊·乞农隙之际点差夫役兴修江淮陂塘奏［M］//全宋文：第48册. 上海：上海辞书出版社，合肥：安徽教育出版社，2006：185.

［218］宋庠. 元宪集卷一五：汴渠春望漕舟数十里［M］//景印文渊阁四库全书：第1087册. 台北：商务印书馆，1986：514.

[219] 曾敏行. 独醒杂志 [M]. 朱杰人，整理. 郑州：大象出版社，2019：275.

[220] 卷七二四四：吴泳·隆兴府劝农文 [M] //全宋文：第 316 册. 上海：上海辞书出版社，合肥：安徽教育出版社，2006：182.

[221] 渭南文集校注卷二〇：常州奔牛闸记 [M] //陆游. 陆游全集校注：第 9 册. 钱仲联，马亚中，主编. 杭州：浙江古籍出版社，2015：286.

[222] 卷三：粒食 [M] //赵希鹄. 调燮类编. 北京：人民卫生出版社，1990：86.

[223] 卷一三：忆昔 [M] //杜甫. 杜诗详注：第 4 册. 仇兆鳌，注. 北京：中华书局，1979：1163.

[224] 卷九：元帝本纪 [M] //班固. 汉书：第 1 册. 北京：中华书局，1962：288.

[225] 卷三仓部郎中·员外郎 [M] //李林甫. 唐六典. 陈仲夫，点校. 北京：中华书局，1992：84.

[226] 卷一九：少卿·太仓署 [M] //李林甫. 唐六典. 陈仲夫，点校. 北京：中华书局，1992：527.

[227] 卷一二：食货十二 [M] //杜佑. 通典：第 1 册. 王文锦，等，点校. 北京：中华书局，1988：291.

[228] 卷三：雉朝飞 [M] //李白. 李太白全集：第 1 册. 王琦，注. 北京：中华书局，1977：203.

[229] 卷二九八：王建·田家行 [M] //彭定求. 全唐诗：第 9 册. 北京：中华书局，1960：3382.

[230] 卷四二四：白居易·观刈麦 [M] //彭定求. 全唐诗：第 12 册. 北京：中华书局，1960：4656.

［231］卷一五四：萧颖士·山庄月夜作［M］//彭定求．全唐诗：第5册．北京：中华书局，1960：1598.
［232］卷二：田制［M］//杜佑．通典：第1册．王文锦，等，点校．北京：中华书局，1988：32.
［233］卷五二：食货志［M］//欧阳修．新唐书：第5册．北京：中华书局，1975：1351，1354.
［234］卷四八：食货志［M］//刘昫．旧唐书：第6册．北京：中华书局，1975：2091.
［235］卷四八：减次年麦税敕［M］//董诰．全唐文：第1册．北京：中华书局，1983：531.
［236］卷六：赋税下［M］//杜佑．通典：第1册．王文锦，等，点校．北京：中华书局，1988：111.
［237］卷一七一：禄粟［M］//脱脱．宋史：第12册．北京：中华书局，1985：4121.
［238］卷一七二：增给［M］//脱脱．宋史：第12册．北京：中华书局，1985：4143.
［239］职官五七之八一［M］//徐松，辑．宋会要辑稿：第8册．刘琳，刁忠民，舒大刚，等，校点．上海：上海古籍出版社，2014：4602.
［240］卷五八：百官四［M］//脱脱．金史：第4册．北京：中华书局，1975：1339-1345.
［241］卷五〇：兵志［M］//欧阳修．新唐书：第5册．北京：中华书局，1975：1325.
［242］卷五〇二：平籴［M］//王钦若，等，编纂．册府元龟：第8册．周勋初，等，校订．南京：凤凰出版社，2006：5700.

[243] 卷二〇三：唐纪十九［M］//司马光. 资治通鉴：第15册. 北京：中华书局，1956：6426.

[244] 卷一九一：夔州路义军土丁、壮丁［M］//脱脱. 宋史：第14册. 北京：中华书局，1985：4743.

[245] 食货二之二〇［M］//徐松，辑. 宋会要辑稿：第10册. 刘琳，刁忠民，舒大刚，等，校点. 上海：上海古籍出版社，2014：6003.

[246] 卷三九七：刘甲传［M］//脱脱. 宋史：第35册. 北京：中华书局，1985：12 095.

[247] 兵二一之三四［M］//徐松，辑. 宋会要辑稿：第15册. 刘琳，刁忠民，舒大刚，等，校点. 上海：上海古籍出版社，2014：9066.

[248] 兵二六之六［M］//徐松，辑. 宋会要辑稿：第15册. 刘琳，刁忠民，舒大刚，等，校点. 上海：上海古籍出版社，2014：9164.

[249] 职官三二之五三［M］//徐松，辑. 宋会要辑稿：第6册. 刘琳，刁忠民，舒大刚，等，校点. 上海：上海古籍出版社，2014：3839.

[250] 卷一〇三：完颜阿隣传［M］//脱脱. 金史：第7册. 北京：中华书局，1975：2270.

[251] 卷一八：金哀宗本纪［M］//脱脱. 金史：第2册. 北京：中华书局，1975：401.

[252] 卷一〇八：胥鼎传［M］//脱脱. 金史：第7册. 北京：中华书局，1975：2375.

[253] 卷五四：食货四［M］//欧阳修. 新唐书：第5册. 北京：中华书局，1975：11 381.

[254] 食货二一之五 [M] //徐松，辑. 宋会要辑稿：第 10 册. 刘琳，刁忠民，舒大刚，等，校点. 上海：上海古籍出版社，2014：6447.

[255] 食货二〇之二二 [M] //徐松，辑. 宋会要辑稿：第 11 册. 刘琳，刁忠民，舒大刚，等，校点. 上海：上海古籍出版社，2014：6440.

[256] 周应合. 景定建康志卷四〇：税赋 [M] //宋元方志丛刊：第 2 册. 北京：中华书局，1990：1989.

[257] 朱熹集卷二五：与建宁傅守札子 [M] //朱熹. 朱熹集：第 3 册. 尹波，郭齐，点校. 成都：四川教育出版社，1996：1063-1064.

[258] 贾思勰. 齐民要术今释 [M]. 石声汉，校释. 北京：中华书局，2009：2.

[259] 万国鼎. 陈旉农书评介 [M] //陈旉. 陈旉农书校注. 万国鼎，校注. 北京：农业出版社，1965：9.

[260] 卷三九：宁宗三 [M] //脱脱. 宋史：第 3 册. 北京：中华书局，1985：762.

[261] 庆元条法事类卷三六：库务门一 [M] //谢深甫. 中国珍稀法律典籍续编：第 1 册. 戴建国，点校. 哈尔滨：黑龙江人民出版社，2002：548，551.

[262] 食货一八之四，二四 [M] //徐松，辑. 宋会要辑稿：第 11 册. 刘琳，刁忠民，舒大刚，等，校点. 上海：上海古籍出版社，2014：6375，6385.

[263] 食货一七之三五，四三 [M] //徐松，辑. 宋会要辑稿：第 10 册. 刘琳，刁忠民，舒大刚，等，校点. 上海：上海古籍出版社，2014：6365，6369.

［264］真德秀. 西山先生真文忠公文集卷一二：申尚书省乞将乐平大通监税镌罢［M］//宋集珍本丛刊：第 76 册. 北京：线装书局，2004：145.

［265］胡榘. 宝庆四明志卷二：钱粮［M］//宋元方志丛刊：第 5 册. 北京：中华书局，1990：5017.

［266］卷一〇：宽减屯租［M］//秦九韶. 数书九章. 台北：商务印书馆，1937：243-244.

［267］甲集卷一六：屯田［M］//李心传. 建炎以来朝野杂记：第 1 册. 徐规，点校. 北京：中华书局，2000：346.

［268］周应合. 景定建康志卷四一：田赋志二［M］//宋元方志丛刊：第 2 册. 北京：中华书局，1990：1998，1999.

［269］甲集卷一六：财赋三［M］//李心传. 建炎以来朝野杂记：第 1 册. 徐规，点校. 北京：中华书局，2000：345-346.

［270］洪适. 盘州文集卷四九：荆门军奏便民五事状［M］//景印文渊阁四库全书：第 1158 册. 台北：商务印书馆，1986：570.

［271］周应合. 景定建康志卷二八：儒学志一［M］//宋元方志丛刊：第 2 册. 北京：中华书局，1990：1799，1809.

［272］梁克家. 淳熙三山志卷一二：版籍类三 · 赡学田［M］//宋元方志丛刊：第 8 册. 北京：中华书局，1990：7885.

［273］谢深甫. 庆元条法事类卷四八：赋役门二［M］//中国珍稀法律典籍续编：第 1 册. 戴建国，点校. 哈尔滨：黑龙江人民出版社，2002：667.

［274］卢宪. 嘉定镇江志卷四：田赋 · 职田［M］//宋元方志丛刊：第 3 册. 北京：中华书局，1990：2345.

［275］谢深甫. 庆元条法事类卷四七：赋役门一［M］//中国珍稀法律

典籍续编：第 1 册. 戴建国，点校. 哈尔滨：黑龙江人民出版社，2002：620.

［276］卷一〇七：乞蠲二浙积欠札子［M］//黄淮，杨士奇. 历代名臣奏议：第 2 册. 上海古籍出版社，1989：1439.

［277］食货七〇之三七，一〇九［M］//徐松，辑. 宋会要辑稿：第 13 册. 刘琳，刁忠民，舒大刚，等，校点. 上海：上海古籍出版社，2014：8120，8162.

［278］食货一〇之二一［M］//徐松，辑. 宋会要辑稿：第 10 册. 刘琳，刁忠民，舒大刚，等，校点. 上海：上海古籍出版社，2014：6204.

［279］食货九之二七，三〇［M］//徐松，辑. 宋会要辑稿：第 10 册. 刘琳，刁忠民，舒大刚，等，校点. 上海：上海古籍出版社，2014：6190，6191.

［280］胡榘. 宝庆四明志卷三：叙郡下［M］//宋元方志丛刊：第 5 册. 北京：中华书局，1990：5022.

二、今人著作

［1］张仲举. 毛泽东诗词全集译注［M］. 西安：陕西人民出版社，1999：15.

［2］习近平. 习近平著作选读［M］. 北京：人民出版社，2023：201.

［3］李华瑞. “唐宋变革”论的由来与发展［M］. 天津：天津古籍出版社，2012：1.

［4］方健. 南宋农业史［M］. 北京：人民出版社，2010：399，421-422，428，442.

［5］漆侠. 辽宋西夏金代通史 · 社会经济卷［M］. 北京：人民出版社，

2011：198.

[6] 韩茂莉. 中国历史农业地理 [M]. 北京：北京大学出版社，2012：316，331.

[7] 王利华. 中古华北饮食文化的变迁 [M]. 北京：中国社会科学出版社，2000：85，87.

[8] 吴松弟. 南宋人口史 [M]. 上海：上海古籍出版社，2008：142，146，183.

[9] 梁家勉. 中国农业科学技术史稿 [M]. 北京：农业出版社，1989：338-339，118-119，402.

[10] 李华瑞. 宋代救荒史稿 [M]. 天津：天津古籍出版社，2014：32.

[11] 包伟民，吴铮强. 宋朝简史 [M]. 福州：福建人民出版社，2006：193.

[12] 韩茂莉. 宋代农业地理 [M]. 太原：山西古籍出版社，1993：212.

[13] 包伟民. 陆游的乡村世界 [M]. 北京：社会科学文献出版社，2020：87.

[14] 葛金芳. 南宋全史（五）·社会经济与对外贸易 [M]. 上海：上海古籍出版社，2012：277.

[15] 邱庞同. 中国面点史 [M]. 青岛：青岛出版社，2010：66.

[16] 黄正建. 唐代衣食住行 [M]. 北京：中华书局，2013：48.

[17] 洪光住. 中国食品科技史稿 [M]. 北京：中国商业出版社，1984：30.

[18] 王赛时，齐子忠. 中华千年饮食 [M]. 北京：中国文史出版社，2002：23.

[19] 黎虎. 汉唐饮食文化史 [M]. 北京：北京师范大学出版社，

1998：9.

［20］卫丽．中国农业通史·遒劲的农牧文明［M］．咸阳：西北农林科技大学出版社，2017：183.

［21］李华瑞．宋代酒的生产与征榷［M］．保定：河北大学出版社，2001：2，73，75，370.

［22］葛金芳．南宋手工业史［M］．上海：上海古籍出版社，2008：396.

［23］漆侠．宋代经济史（上）［M］．天津：南开大学出版社，2019：144.

［24］林甲山．新编上下五千年·中国科学技术卷［M］．延吉：延边人民出版社，2001：15.

三、今人论文

［1］韩茂莉．论宋代小麦种植范围在江南地区的扩展［J］．自然科学史研究，1992（4）：353-357.

［2］李伯重．我国稻麦复种制产生于唐代长江流域考［J］．农业考古，1982（2）：65-72.

［3］郭文韬．中国复种制的历史发展［J］．世界农业，1986（3）：39-42.

［4］王曾瑜：宋代的复种制［C］//涓埃编．保定：河北大学出版社，2008：42-51.

［5］王曾瑜：宋元时代的淮南经济述略［C］//纤微编．保定：河北大学出版社，2011：167-196.

［6］李根蟠．中国古代耕作制度的若干问题［J］．古今农业，1989（1）：1-7.

[7] 李根蟠. 长江下游稻麦复种制的形成与发：以唐宋时代为中心的讨论 [J]. 历史研究，2002 (5)：3-28.

[8] 李根蟠. 再论宋代南方稻麦复种制的形成与发展：兼与曾雄生先生商榷 [J]. 历史研究，2006 (2)：79-101.

[9] 程民生. 宋代粮食生产的地域差异 [J]. 历史研究，1991 (2)：120-131.

[10] 曾雄生. 中国历史上的黄穋稻 [J]. 农业考古，1998 (1)：292-307.

[11] 曾雄生. 麦作在中国的本土化历程：从粮食作物结构的演变看原始农业对中华文明的影响 [C]. CCAST“原始农业对中华文明形成的影响”研讨会论文，2001 (3)：124-140.

[12] 曾雄生. 析宋代“稻麦二熟”说 [J]. 历史研究，2005 (1)：86-106.

[13] 曾雄生. 论小麦在古代中国之扩张 [J]. 中国饮食文化，2005 (1)：99-133.

[14] 曾雄生. 从麦饭到馒头：小麦在中国 [J]. 生命世界，2007 (9)：8-13.

[15] 李文涛. 制度抑或现象：南宋时期的稻麦复种制：兼与李根蟠先生商榷 [J]. 南都学坛，2008 (3)：21-26

[16] 李文涛. 宋代江南麦作几个问题的探讨 [J]. 历史教学，2010 (10)：18-23.

[17] 包伟民. 陆游的“乡村世界” [J]. 武汉大学学报（哲学社会科学版），2020 (1)：46-64.

[18] 黄嘉福. 南宋时期“稻麦共存”农业景观及其影响 [J]. 中国历史地理论丛，2022 (1)：155-158.

［19］王仁湘．由汉式饼食技术传统的建立看小麦的传播［C］//宁夏文物考古研究所．丝绸之路上的考古、宗教与历史．北京：文物出版社，2011：137-145.
［20］陈冬生．试述古代山东麦作生产的发展［J］．古今农业，1993（1）：23-29.
［21］靳桂云．中国早期小麦的考古发现与研究［J］．农业考古，2007（4）：11-20.
［22］黎虎．略论中国古代饮食文化研究［J］．扬州大学烹饪学报，2008（3）：1-8.
［23］李文涛，杨延俊．北朝冬小麦播种研究［J］．安徽农业科学，2009（30）：15 031-15 032.
［24］包艳杰、李群．唐宋时期华北冬小麦主粮地位的确立［J］．中国农史，2015（1）：49-58.
［25］卫斯．我国汉代大面积种植小麦的历史考证兼与（日）西嶋定生先生商榷［J］．中国农史，1988（4）：22-30.
［26］张学锋．试论六朝江南之麦作业［J］．中国农史，1990（3）：16-22.
［27］梁庚尧．南宋的贫士与贫宦［J］．台大历史学报，1991：91-137.
［28］王利华．古代华北水力加工兴衰的水环境背景［J］．中国经济史研究，2005（1）：30-39.
［29］朱华．唐代关中地区碾硙毁废原因新探［J］．唐史论丛，2021（1）：185-200.
［30］华林甫．唐代粟、麦生产的地域布局初探［J］．中国农史，1990（2）：33-42.
［31］刘桂娥，向安强．史前“南稻北粟”交错地带及其成因浅析［J］．

农业考古，2005（1）：115-122.

［32］陈香．汉唐间黄淮地区的水稻生产［J］．农业考古，2005（3）：55-58.

［33］汪圣铎．宋代官员俸禄和其他颁给分项考析［C］//宋代社会生活研究．北京：人民出版社，2007：176-182.

［34］曹树基．《禾谱》及其作者研究［J］．中国农史，1984（3）：84-91.

［35］姜锡东．宋代生产力的发展水平［J］．中国社会科学，2022（7）：95-112.

［36］吕变庭，武晨琳．从《杨辉算法》看南宋区域农业经济史的两个侧面［J］．中原文化研究，2023（1）：111-120.

四、学位论文

［1］王荣．宋代市民消费研究［D］．兰州：西北师范大学，2004：17.

［2］陈艳．宋金和战时期两淮路垦田、水利及人口［D］．上海：上海师范大学，2006：23.

［3］吴宾．中国古代粮食安全问题研究［D］．咸阳：西北农林科技大学，2007：55.

［4］尚平．南宋马政研究［D］．北京：首都师范大学，2009：165-166.

［5］张伟忠．南宋两税及其征收研究［D］．上海：上海师范大学，2011：73-126.

［6］贾启红．宋代军事后勤若干问题研究［D］．保定：河北大学，2015：123.

［7］惠萌．面食之路：中原和西域地区的面食文化交流［D］．西安：陕西师范大学，2020：10.

后　记

书稿交付之时，我的心中百感交集。2000 年，我进入云南大学历史基地班，正式踏入历史学科的大门。2004 年，我来到河北大学宋史研究中心学习宋史。2007 年硕士毕业后，我成为一名思政教师。2021 年，我再次来到中心学习，攻读博士学位。本书正是我读博时期的一个收获。

博士一年级之时，我向导师姜锡东教授汇报一周读书心得体会时，提出了麦租问题。导师认为这个问题可以深入研究一下，于是我开始收集宋代麦租的史料。在研读史料过程中，我将这一问题进行扩展，从宋代扩展至唐代，从租税问题扩展至麦作种植与食用等问题。

在读博第二年时，我的孩子需要进行长期康复训练。我开始了每天上午四个小时读书写作，下午三个小时陪伴孩子康复，晚上带孩子进行训练的生活。这样的生活持续了 20 个月，没有中断。这个过程非常艰辛，论文的压力、孩子康复的压力使我几乎崩溃。在医生的帮助下，我的孩子明显好转。我也与同病的孩子家长成了好朋友，我们互相支持互相鼓励，共同走过了这段艰难的时期。

我的硕士导师王菱菱教授在我学业和生活最困难的时候，与我促膝长谈，给了我很多建议，并鼓励我一定能完成学业。这使迷茫中的我有了更加清晰的方向。当我准备报考中心的博士时，是贾文龙老师帮我找到博一学生，传授考博经验。当我成功上岸后，贾老师又为我安装数据库，并将一些重要史料的点校本电子版发给我，方便我查阅页码。贾老师还将他的硕士生介绍给我，嘱咐他们要多多帮助我。西北大学的胡坤老师是我的师兄。2023 年，他作为中心学生毕业论文的答辩主席来到中心。我借此机会向师兄询问了很多有关学业和人生的问题，师兄毫无保留地分享了他的经验和人生感悟，为我解开了诸多困惑。

我的挚友孙叶丹、侯鹏娟、王轶英、金红伏、王敬涛、韩梦然在这几年中给了我很多的陪伴和坚定的支持，愿我们的友谊地久天长。

书稿的完成离不开家人的帮助。感谢我的丈夫承担起教育孩子的重担，他每天晚上辅导孩子写作业，周六日带孩子出门，为我提供更多学习的时间。感谢公婆照顾孩子的日常生活，使我可以安心学业。感谢我的父母对我毫无保留的支持，相信看到这本书的出版，父亲也可以含笑九泉了。感谢我的孩子努力成长，让我不用为你太过分心。感谢家人们对我学业和生活的帮助，愿我们一家人永远健康快乐。

几年的博士学习生活，给我带来的不仅仅是科研水平的提升，更有面对困难时坚毅而平和的心态。这本小书算是对我这几年奋斗的一个总结。感谢一直坚持努力的自己，将不可能变成可能，相信我的未来会更加美好。

限于学识，书中难免有疏漏与不足之处，欢迎读者批评指正。

写于 2024 年开春之时